乡村振兴

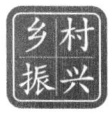

农民培训精品系列教材

中华优秀传统美德与农村移风易俗

李鹏飞　乔　娜　程　芳　袁华杨　陈　琴　张庆芬　主编

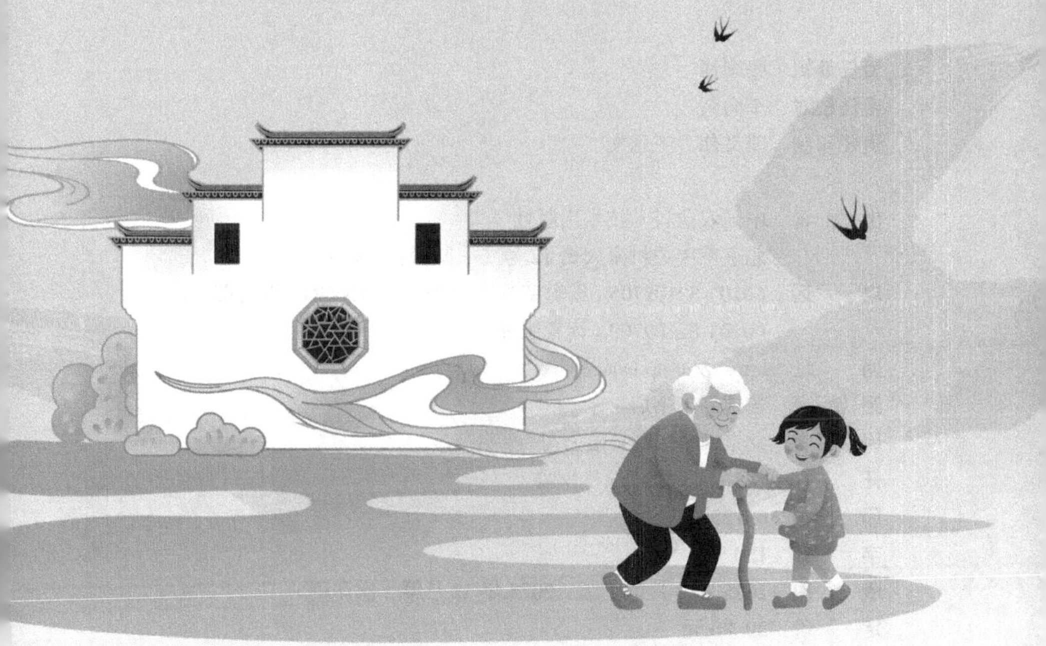

中国农业科学技术出版社

图书在版编目(CIP)数据

中华优秀传统美德与农村移风易俗 / 李鹏飞等主编. 北京：中国农业科学技术出版社，2025.4.（2025.12 重印）
ISBN 978-7-5116-7308-4

Ⅰ.D648

中国国家版本馆 CIP 数据核字第 20259AG717 号

责任编辑　张国锋
责任校对　李向荣
责任印制　姜义伟　王思文

出 版 者	中国农业科学技术出版社
	北京市中关村南大街 12 号　　邮编：100081
电　　话	（010）82109705（编辑室）　　（010）82106624（发行部）
	（010）82109709（读者服务部）
网　　址	https://castp.caas.cn
经 销 者	各地新华书店
印 刷 者	北京中科印刷有限公司
开　　本	148 mm×210 mm　1/32
印　　张	6.125
字　　数	150 千字
版　　次	2025 年 4 月第 1 版　2025 年 12 月第 2 次印刷
定　　价	39.80 元

◢◣版权所有·翻印必究◤◥

《中华优秀传统美德与农村移风易俗》编委会

主　编： 李鹏飞　乔　娜　程　芳　袁华杨
　　　　　陈　琴　张庆芬
副主编： 张广慧　崔裕婷　王庆师　穆昭年
　　　　　张　亮　贺国强　高翠君　朱立泽
　　　　　江家悦　祁　祥　王洁雯　刘花蕊
　　　　　王拴梅　侯　莉　郭永强　吴　鹏
　　　　　汤爱明　李辉粉　赵卫琴　韦梦茹
　　　　　何占强　周　波　强立纹　乔　娜
　　　　　刘　贞　李应民　邹　唯　曹睿亮
编　委： 刘佳承　张仙翠　翟中渝　瞿雅丽
　　　　　孙润峰　潘晓辉　刘仁如　陆凡舟
　　　　　孙晓辉　方子健　陈　洁

前　言

　　中华传统美德是中华文化的精髓，蕴含着丰富的思想道德资源。赓续传统美德，既是个人立身兴业的基石，也是立党为公、执政为民的内在要求。开展农村移风易俗、弘扬时代新风行动是推进思想道德建设的重要环节，也是农村精神文明建设的重要内容。移风易俗实践作为乡风文明培育的有效途径，对全面推进乡村振兴发挥着不可缺少的作用。中国自古以来就有重视移风易俗的思想传统。自思想命题的提出开始，移风易俗思想经历了从产生到成熟的发展历程。移风易俗的思想发展与实践演变是紧密结合的。传统社会时期，移风易俗实践是统治阶层维护封建统治、保障社会稳定的重要手段。本书结合中华优秀传统美德和农村移风易俗，积极推进传统美德与移风易俗新风尚相结合，为我国乡村振兴发展的顺利进行添砖加瓦。

目　录

第一章　中华传统美德概述 ················· 1
 第一节　中华传统美德的基本内涵 ··········· 1
 第二节　中华传统美德的主要内容 ··········· 2
 第三节　中华传统美德的历史演变 ··········· 4
 第四节　中华传统美德的鲜明特征 ··········· 7
 第五节　中华传统美德的当代价值 ··········· 10

第二章　中华传统优秀美德之忠孝 ··········· 17
 第一节　中华传统优秀美德之忠诚 ··········· 17
 第二节　中华传统优秀美德之孝道 ··········· 34

第三章　中华传统优秀美德之仁义礼智信 ······· 51
 第一节　中华传统优秀美德之仁 ············· 51
 第二节　中华传统优秀美德之义 ············· 77
 第三节　中华传统优秀美德之礼 ············· 86
 第四节　中华传统优秀美德之智 ············ 100
 第五节　中华传统优秀美德之信 ············ 106

第四章　中华传统优秀美德之节操 ··········· 116
 第一节　崇操守重气节 ··················· 116
 第二节　宁为玉碎　不为瓦全 ············· 119
 第三节　光明磊落　不骄不馁 ············· 123

第四节　继承革命传统树立高尚情操 …………… 125

第五章　中华传统优秀美德之勤劳 …………… 129
第一节　劳动为本 ……………………………… 130
第二节　珍惜光阴 ……………………………… 133
第三节　业精于勤 ……………………………… 137

第六章　中华传统优秀美德之节俭 …………… 143
第一节　"俭以养德" …………………………… 144
第二节　"俭则倡，侈则亡" …………………… 147
第三节　勤俭节约永不忘 ……………………… 149

第七章　移风易俗概述 …………………………… 156
第一节　风　俗 ………………………………… 156
第二节　移风易俗 ……………………………… 156
第三节　多元共治理论 ………………………… 157
第四节　整体性治理理论 ……………………… 158

第八章　乡村不良风俗分析 ……………………… 160
第一节　不良风俗对乡村振兴的影响 ………… 160
第二节　当前农村红白事习俗概况 …………… 164
第三节　操办红白事存在的陋习 ……………… 166
第四节　农村操办红白事陋习的不良影响与危害 … 169
第五节　推进农村红白事移风易俗主要措施 … 170

第九章　推进农村红白事移风易俗的路径思考 …… 173
第一节　强化引领示范带动农村文明办红白事 … 173
第二节　加强基层组织建设　规范农村红白事操办 … 176
第三节　强化思想道德建设　提升农村群众文明操办红白事的自觉 ……………………… 177

目 录

第四节　整合社会力量推进农村红白事移风易俗 …… 179
第五节　加强农村文化建设　消除农村红白事陋习 …… 181
第六节　开展文明创建树立农村文明办红白事新
　　　　风尚 ……………………………………… 184
参考文献 ……………………………………………… 186

第一章 中华传统美德概述

"中华传统美德是中华文化的精髓,蕴含着丰富的思想道德资源。"中华传统优秀文化积淀着中华民族最深沉的精神追求,包含着中华民族最根本的精神基因,代表着中华民族独特的精神标识,是中华民族生生不息、发展壮大的丰厚滋养。作为中华文明、中国文化深层底蕴和精髓的中华传统美德,是中华民族传统道德的瑰宝,是中华民族优秀文化的重要内核,是中华民族生生不息的精神家园和力量源泉,是全体国人精神生活、道德实践的鲜明标识,支撑着一代又一代中国人走到今天。从中华优秀传统文化中汲取前行的精神力量,是中华民族文化复兴的内在要求。党的十八大以来,党中央多次强调,要推动"中华传统美德的创造性转化、创新性发展"。

第一节 中华传统美德的基本内涵

一个时代有一个时代的价值观念,一个民族有一个民族的道德体系。传统道德是在漫长的历史发展过程中逐步提炼建构出来的一个包括个人伦理、家庭伦理、国家伦理乃至宇宙伦理在内的相当成熟和完备的道德价值体系。而传统美德是弃其糟粕,取其精华,经过时代扬弃的优秀部分,它是一个不断批判继承、不断改革创新、不断丰富完善的动态的道德伦理价值体系。中华传统美德是中华民族在历史发展中形成的,至今仍然具有强大生命力的优秀道德理论、道德规范和道德行为的总和。它标志着中华民族的"形"与"魂",是我国人民两千多年来处理人际关系、人与社会关系和人与自然关系实践的结晶，是在中华民族历史长河中逐渐形成的被古代人们普遍接受、认可并遵循的道德行为准则。通常来说，中华传统道德历经从先秦时期，直至1840年以前，主要是以儒家道德为核心，加之佛家、道家、法家和其他学派的传统美德，共同构成我国的传统道德体系。精忠报国、徙木为信、舍生取义、愚公移山、三顾茅庐、凿壁偷光等都反映了中华民族的传统美德。因其博大精深、内涵丰富，至今尚无一个统一、规范、准确的表述和定义。

客观地讲，中华传统美德是一种优秀的社会意识形态，其内涵包罗极为广泛，诸如个人美德、家庭美德、社德或处世美德等。它内蕴于道德之中，是特定社会文明习惯、心理、行为、作风的集大成者，也是体现民族特色的积极向上的行为准则，是维持社会稳定、和谐、纯洁的营养。中华传统美德是中国社会大众所推崇的高尚道德行为，渗透在中华民族几千年社会的潜意识里，它可以给一个人和一个群体增添力量、勇气、意志、自信等，是至善、至纯、至高、至美的人类高尚行为的精华。中华传统美德在各个不同历史时期虽有其不同含义特征及其表现，但其普遍性、公德性、高尚性、稳定性，被人们所共识、所发扬、所继承。民族的也是世界的，中华民族的传统也往往被世界其他民族所信奉和推崇。

第二节　中华传统美德的主要内容

每一个国家、每一个地区、每一个民族都有传统美德，它是本国家、本地区、本民族、本家庭的现代文明建设的文化宝库，也是和谐世界建设的重要精神资源。同时，中华传统美德也是中国古代道德文明的精华，是中华民族品质、民族精神、民族气节、民族情感、民族礼仪中闪光的部分，是中国这个民族大家庭共存共荣的凝聚剂和内聚力，它在价值的意义上形成

第一章 中华传统美德概述

中华民族道德人格的精髓和精魂。它的形成和发展贯穿了整个中华民族的诞生、发展的历史长河。时间久造就了内容的庞大。有的是神话传说，演绎成美妙故事，体现出中华民族的价值观；有的是言传身教，代代相承，流传至今；有的流传于《论语》《孟子》《二十四孝》等中华文化重要文献中；有的则见于古诗词、歌赋和其他文学、艺术、绘画、雕塑中；更多的则蕴藏于历代史学典籍中，因此，后人在整理传统美德的内容时，常常会整理那些最具代表性的、最有影响力的传统美德，并且选取一个角度来分门别类地归纳。例如，有的人从社会生活的领域来分，从个人到家庭再到社会然后是世界；有的人从经济、政治、文化、生态等领域来分；有的人根据具体德目，把传统美德分为十八德、十德，等等。其中，影响最大的是"五常"，董仲舒第一个将传统美德的主要内容概括为"仁义礼智信"，称之为"五常"，认为是处理人与人之间关系的道德规范。董仲舒去世两百年后的白虎观会议上，官方和学界把"仁义礼智信"正式确立下来，成为历朝历代的统治者管理人民，用来道德教化的核心内容。除了儒家之外其余各家也提出了一些类似的道德主张，如墨子提出"兼爱说"，把"兴天下之利，除天下之害"看成道德原则，认为"兼爱"可以统率惠、忠、孝、悌诸德。

当前理论界普遍认为，中华传统美德，是以孔子为代表的儒学思想伦理道德为源头的，以其精华为中流的，以其丰富内涵为特色的道德规范。具体来看，我们认为，中华传统美德包括优秀民族品质、优秀民族精神、优秀民族心理等内容，主要包括如下四个方面：

一是尊崇爱国主义的民族精神。爱国主义几千年来始终是中华传统美德的核心。中华民族自古崇尚"富贵不能淫，贫贱不能移，威武不能屈"，"舍生取义"的民族气节。历史上，中国但凡遇到外敌入侵，山河破碎必然导致百姓受难，人们的爱国情感总是强烈地喷涌出来，并升华成为国献身的情操和精神，像岳飞的"精忠报国"、文天祥的"留取丹心照汗青"、孙中山的"驱除鞑虏，恢复中华"等，都是这种爱国主义民族精神的集中体现。历史上，爱国主义始终是推动中华民族不断前进的巨大力量。

二是倡导建立和谐协调的社会人伦关系。中华传统美德，强调建立一种和谐有序的人伦关系。主张"以义为先"，"以义统利"，要求"见利思义"，"先义后利"。这里的"义"就指的是民族利益和国家利益，"利"就是个人利益。强调国家民族利益高于个人利益，强调集体主义原则，强调个体对整体的道德义务。这是一种埋植于几千年历史文化的群体认同，进而扩展到整个民族和国家的集体主义精神。

三是提倡"仁爱"的人道主义精神。孟子认为"君轻民重"，始终提倡"仁者爱人"，强调以民为邦本。这种要求一切人都要用"仁爱"之心去尊重人、理解人、关心人、爱护人、帮助人的思想，是中华传统美德中"以人为本"的思想传统，也是最具有人民性的道德遗产。

四是强调基本道德观念和行为准则。中华传统美德，倡导"修身、齐家、治国、平天下"的实现价值理想的递进路径和人生追求。这种处理人伦关系的基本道德观念，顺应了进行物质生产活动和自身生存发展的实际需求，逐渐成为人们共同生活的普遍认同的行为准则。传统美德的内在观念与准则，正确反映了人类社会发展的客观要求，充分体现了中华传统美德的科学性和功能性。

第三节 中华传统美德的历史演变

中华传统美德在民族发展长河中历经社会变革和观念更替逐步稳定和传承下来，既具有历史延续性，也具有时代创造性，是延续与创新的结合。中国人是中华儿女的后代，黄帝、炎帝被认为是中华民族的祖先。道德随人类的诞生而产生,那么最早的道德也就出现在人类的原始时期。可以说,我国的传统美德就起源于炎黄时期原始的人类道德。原始社会时期,由于人类初识世界,自身十分弱小,在面对大自然突发灾害时显得束手无策,生存十分困难。为了活下去,在与大自然斗争的过程中,以炎帝为首的部落族人凭借相互抱团的凝聚力,顽强拼搏、坚韧不拔的意志力对抗自然。在这一过程中体现了自强不息的美德。炎帝神话传说中的一些人物形象,例如追日的夸父,坚持不懈填海的精卫,好几代人移山的愚公家族的人物形象都反映了上古时期原始人类具有的勇敢、坚毅的美德。

早在尧舜时代,就有"五教",即用"父义、母慈、兄友、弟恭、子孝"的"孝慈"观念教化人民。三千多年前的商代甲骨文中已有"德"字,虽然"德"的观念却并没有真正产生。春秋战国时期,《诗经》等文献中,已多次出现"德"字,其意思已较为明确,主要指高尚的品格及行为,以及品格高尚的人。思想家们已开始对"孝慈"等人伦道德进行详细研究,老子明确提出道家"孝慈"观,认为"绝仁弃义,民复孝慈。"他同时重视"俭","我有三宝,持而保之,一曰慈,二曰俭,三不敢为天下先。慈故能勇,俭故能广,不敢为天下先故能器长"。孔子集各家之长,建构了一套完整的道德规范体系,他以知、仁、勇"三达德"为骨架,并在此基础上提出了"礼、孝、悌、忠、恕、恭、宽、信、敏、慧、温、良、俭、让、诚、敬、慈、刚、毅直、克己、中庸"等一系列德目。孟子继承孔子的思想,进一步明确了道德的序列:"孝悌忠信"为初步的道德,"仁义礼智"是主要道德原则,"五伦"君臣、父子、兄弟、夫妇、朋友,是"仁义礼智"在人际关系上的应用,是做人最基本的五种规范,即君仁臣忠、父慈子孝、兄友弟恭、夫义妇顺、朋友有信。魏晋之后,官方、民间对道德的研究再次活跃,出现了一些道德认识方面的新观点、新主张。一些思想家对"仁、义、礼、智、信"也进行了多种阐述,提出了一些新见解、新思想。

这些关于传统道德的思想,影响最大且最为后世所公认的则是"三纲五常"说。"三纲五常"作为中国传统道德的基本原则与规范的正式表达始于董仲舒,经过东汉官书《白虎通》的确认,长期影响后世中国社会,成为中国占统治地位的儒家道德的象征。宋明理学时期,周敦颐进一步发展了"三纲五常"说,他在建立"以诚为本"道德本体论的同时,发展了"仁义礼智信"这一整体道德体系。周敦颐将以往的"五常"归结到一个本源即为"诚"。总体来讲,"三纲五常"说延续两千年之久,影响之大、范围之广,无出其右者。明末清初,以李贽、顾炎武为代表的思想家开始了对宋明理学的批判,这为之后的人们批判地继承传统美德奠定了基础。20世纪初,以孙中山、梁启超为代表的资产阶级采取中西结合的态度,提出了新八德,即忠孝仁爱,信义和平。根据当时民主革命的需要,孙中山非常重视中华传统美德对民族复兴的重大价值,认为在当时的形势下,在处理家国关系问题上,相较而言,忠于国家的义务更重要、更紧迫。因此,他将"忠"列于八德之首。梁启超提出"利群"伦理观,呼吁改造国民性,倡导"新民"的理想人格。1934年,国民政府在南昌发起"新生活运动",在"八德"的基础上,增加了"礼义廉耻",这就成为他们长期推广的核心价值观,简称"四维八德"。

中国共产党成立后,早期的中国共产党人将中华传统美德创造性地发展出了革命道德。革命道德指的是在长期的革命和建设实践中形成的无私奉献、顽强拼搏、艰苦奋斗、勤俭节约的道德规范。21世纪初,中华传统美德的核心内涵进一步表现为以改革创新为核心的时代精神和以爱国主义为核心的民族精神。进入新时代,中华优秀传统文化被进一步概括为"讲仁爱、重民本、守诚信、崇正义、尚和合、求大同",这既是中华传统美德的集中体现，也是新时代应当赓续与创新的传统美德的核心内容。通过梳理中华传统美德的历史演变进程，我们不难发现，中华民族的传统美德建构起源于周代，到汉代"三纲五常"逐渐定型，此后，传统美德在此基础上，在实际的社会发展与实践中不断得到补充与完善。中华传统美德不仅是一种观念文化，更是一种实践文化，传统美德是中华文化的灵魂，中国人长期就是以这些传统美德作为自己的核心价值，指导着中国人的生活方式，是中华文明延绵不断、血脉相连的文化基因。

第四节　中华传统美德的鲜明特征

中华传统美德博大精深，内容丰富，涉及政治、经济、文化、生活等各个领域，但我们仍然能够找到其中的一些共性，其基本特征表现为经世致用的价值追求以及所派生的自强不息精神、勇于实践的实干精神和爱国主义精神。具体来说，主要体现在以下五个方面。

一是以"仁德意识"作为思想基础。在孔子和儒家的伦理思想中，"仁"是最高的道德原则。"仁"的主要内容，就是爱人，"仁"，也是关于爱人的道德意识。孔子所说的爱人，其对象不仅限于双亲，也不局限于宗法关系中的人，而是涉及社会上一般的人。《论语·雍也》中说："博施于民而能济众"，这里的"民"是指老百姓，"博施"是指对老百姓广泛施以仁法。从传统美德的具体内容来看，"诚实守信""谦虚礼貌""助人为乐""公忠爱国""敬重父母"等都自始至终贯穿了仁德意识。可以说，仁和德是最为中国人所认同和推崇的内容，它是贯穿传统美德的一条主线，也是传统美德的核心内涵和基石。相反，古代西方思想家明确提出"奴隶只是会说话的工具"，与之形成鲜明对比。中华传统美德中的仁爱思想，体现了中华民族炽烈的人道精神。

二是注重整体利益,具有浓烈的爱国情怀。中华民族自形成以来,就有浓厚的家国情怀,崇尚天下为公、追求天下大同,自觉地把国家兴亡与个人命运紧密相连。炽热而深沉的家国情怀,回荡在中华文明历史的深处,浸润着每个中华儿女的心灵。在中国人的眼里,家是最小国,国是千万家。家乃国之基石,国乃家之保障。家国同构、家国一体,是中国社会几千年来的显著特征,"修身齐家治国平天下",是中华民族薪火相传、战胜困难的发展逻辑和实践路径。从"夙夜在公"到"国而忘家,公而忘私",从"三顾茅庐天下计,两朝开济老臣心"到"苟利国家生死以,岂因祸福避趋之",无数民族先驱用热血和生命不断诠释着这种为国家、为民族、为整体甘于牺牲小我的献身精神。这与西方社会所广泛认同的"国家是一种恶""国家和个人是契约关系",是明显不同的两种文明价值取向。正是这种国家、整体至上的爱国情怀,感召着中华儿女万众一心跨过一道道难关、战胜一次次挑战,激励着我们踏实坚定地走过昨天、走到今天、走向明天。

三是"自强不息""厚德载物"的精神追求。中华民族在五千多年的发展历程中,历经无数惊涛骇浪,在艰辛磨难中繁衍至今,兴旺发达,得益于自强不息的精神。"自强不息""厚德载物"在中华传统美德的形成、发展及变化过程中,一直是其核心精神内涵。自强不息、敢于斗争是中华文明兴盛之源,在我们的这些上古神话传说中,就有不少充满着战天斗地、自强不息的斗争精神。比如,面对滔天洪水灾害,与希腊神话中宣扬要听从神的安排截然不同,我们不是乞求在上帝赐予的"诺亚方舟"里躲避,而是艰苦奋斗、因势利导、治理洪水;面对从天而降的大山拦路,不是背井离乡,离开故土,也不是遇到困难绕道走,而是咬定青山不放松,子子孙孙齐上阵,非要把大山搬走。再比如女娲补天、后羿射日,这些上古的传说可以说都体现了自强不息的精神。"天行健,君子以自强不息;地势坤，君子以厚德载物"。其中，"天行健，君子以自强不息"就是讲天体运行永无停止，君子应该效法天，应自强不息；"地势坤，君子以厚德载物"指的是大地能生万物，包容一切，君子应该效法地，有宽厚的德行修养。中华文明具"仁者"之寿，汇钟灵毓秀之智，归根结底在于中华民族具有一往无前、同心奋斗、自强不息、厚德载物的品质。"自强不息""厚德载物"两者的结合，就构成中华民族广泛认同和孜孜以求的高尚道德品质，成为中国传统文化的精神命脉，也是中华民族生生不息、继往开来的精神力量之源。这种渗入民族血液的强大精神力量，支撑着中华民族与自然界和侵略者进行坚决有力的抗争，在全球形成和发展了独树一帜的中华文明。

　　四是崇尚道义的价值取向。仁义是中国传统伦理学中一个重要的道德规范。孟子提出"君子喻于义，小人喻于利"，鲜明地提出了仁义价值观，他认为凡是不仁不义的行为都是无价值、无意义的，并且明确反对见利忘义。儒家有所谓"君子"与"小人"之别，两者的分界线在于是按照仁道的要求规范自己的言行还是只顾谋取一己之私利。为此，儒家明确提倡"见得思义""见利思义"，反对见利忘义、"放于利而行"。在动机上反对"以义求利"，在特殊情况下应牺牲利益而成就道义。最极端的情况，就是孔子所谓"杀身成仁"、孟子所谓"舍生取义"。孔子说："志士仁人，无求生以害仁，有杀身以成仁。"孟子说："生亦我所欲也，义亦我所欲也；二者不可得兼，舍生而取义者也。"也就是说，当遇到义与利发生尖锐冲突而不可调和的特殊情况时，志士仁人决不为了苟活而做出损害仁义的事情，而是宁可牺牲自己也要成仁践义。"义以为上"体现了以德行作为安身立命之本的精神追求。仁义价值观经过中华民族几千年的实践和传承，得到社会的广泛认同，并逐步升华为"以义为上""先义后利"的人生理想和追求，成为中华民族共同尊崇的价值准则。

五是对理想人格的不懈追求。在儒家思想中，人要树立一种至上的生命理想来成就完美的人生境界。理想的人格或理想的完人通常被称为"君子""贤人""圣人"。孔子继承了《尚书·洪范》和《周易》中的人文主义和创新观念，认为生命的意义和价值在于不断创造，要止于至善，把理想人格的实现看成人的最高精神追求。孟子更是提出了"性善论"，认为人心中的"善端"可以成就圣人之道。而对理想人格的追求往往又成为"爱国爱民""先天下之忧而忧""精忠报国""舍生取义"的精神支柱。孟子认为"天下有进，以道殉身；天下无进，以身殉道"。与世界其他各民族做一番比较，我们就会发现，在追求精神境界和向往理想人格上，中华民族几千年来一直没有停息。

第五节　中华传统美德的当代价值

开启社会主义现代化建设新征程，大力弘扬中华传统美德，挖掘中华传统美德的当代价值，具有重要的现实意义和深远的历史意义。党的十八大以来，党中央多次强调，"国无德不兴，人无德不立"，必须加强全社会的思想道德建设，引导人们向往和追求讲道德、尊道德、守道德的生活，形成向上的力量，向善的力量。只要中华民族一代接着一代追求美好崇高的道德境界，我们的民族就永远充满希望。也就是说，要加强当代社会的道德建设，实现以德兴国、以德立人，传承弘扬中华优秀文化与传统美德就是题中应有之义。传承和赓续中华传统美德所代表的民族精神和价值追求，是加强当代社会的思想道德建设，提升当代中国社会的道德文明水平，提高人民的整体道德素质，形成向上、向善的社会风气和民众讲道德、尊道德、守道德的行为习惯，促进全民族一代接着一代追求美好崇高的道德境界，使我们的国家、民族永远保持团结奋斗的昂扬姿态。

第一章　中华传统美德概述

一、中华传统美德为实现中华民族伟大复兴提供强大精神动力

道德不仅是一种治理国家、维护社会秩序的有效工具，而且是国家兴盛、人民幸福的动力和目的，是国家和民族强大的精神动力。纵观历史，世界各国在实现现代化的进程中，尽管道路、模式、方法各有不同，但都有一个共同点，那就是各国都是在自己的历史和文化道德传承的基础上守正创新的，无一例外地保留了鲜明的、独一无二的、不可替代的民族特质。

实现民族复兴，必须大力培育和弘扬社会主义核心价值体系和核心价值观，加快构建充分反映中国特色、民族特性、时代特征的价值体系。坚守我们的价值体系，坚守我们的核心价值观必须发挥文化的作用。民族文化是一个民族区别于其他民族的独特标识。要加强对中华优秀传统文化的挖掘和阐发，努力实现中华传统美德的创造性转化、创新性发展，把跨越时空、超越国度、富有永恒魅力、具有当代价值的文化精神弘扬起来，把继承优秀传统文化又弘扬时代精神、立足本国又面向世界的当代中国文化创新成果传播出去。中华传统美德是我们有别于其他民族的独特标识，是我们必须继承、守护、光大的瑰宝。实践证明，只有民族的才有生命力，只有民族的才有价值，只有民族的才能走向世界。坚持中国特色社会主义文化自信，增强我国的文化软实力，提升中华民族的文化自觉，促进文化大发展、大繁荣，需要中华美德的价值支撑，中华传统美德的精神力量对于推动社会进步具有重大意义。中华传统美德以其在中华民族发展中的历史地位和独特贡献，引领着社会主义道德建设的主流方向，为社会主义核心价值观内涵提供了丰富的独具特色的价值滋养，强化了我国民族道德文化在多样化社会思潮中的主体地位，凝聚激励着人们的信心和勇气，为实现中华民族伟大复兴的中国梦积极担当责任。历史证明，中华传统美

德中蕴含着丰富的精神瑰宝,只要我们把中华传统美德包含的忠、孝、诚、信、礼、义、智、廉、耻等思想资源进行创造性的转化和创新性的发展,转化为中国特色社会主义道德体系的组成部分,必将为社会主义现代化建设强国,实现中华民族伟大复兴的中国梦提供强大的精神动力。

二、中华传统美德是加强社会主义道德建设的现实需要

社会主义道德不是无源之水、无本之木,而是植根于民族文化的沃土,是中华传统美德的延续和升华。中国传统文化博大精深,学习和掌握其中的各种思想精华,对树立正确的世界观、人生观、价值观很有益处。古人所说的"先天下之忧而忧,后天下之乐而乐"的政治抱负,"位卑未敢忘忧国""苟利国家生死以,岂因祸福避趋之"的报国情怀,"富贵不能淫,贫贱不能移,威武不能屈"的浩然正气,"人生自古谁无死,留取丹心照汗青""鞠躬尽瘁,死而后已"的献身精神等,都体现了中华民族的优秀传统文化和民族精神,我们都应该继承和发扬。中华传统美德是社会主义道德建设的重要来源,是社会主义道德的核心要素之一,是中国社会主义道德建设的基础性内容。抛弃传统、丢掉根本,就等于割断了自己的精神命脉。博大精深的中华优秀传统文化是我们在世界文化激荡中站稳脚跟的根基。中华文化源远流长,积淀着中华民族最深层的精神追求,代表着中华民族独特的精神标识,为中华民族生生不息、发展壮大提供了丰厚滋养。中华传统美德是中华文化精髓,蕴含着丰富的思想道德资源。不忘本来才能开辟未来,善于继承才能更好创新。对历史文化特别是先人传承下来的价值理念和道德规范,要坚持古为今用、推陈出新,有鉴别地加以对待,有扬弃地予以继承,努力用中华民族创造的一切精神财富来以文化人、以文育人。从历史走向未来,需要在延续民族文化血脉中开拓前进,不仅要深入探求中华传统美德的丰厚内涵,更要挖掘、阐

发和弘扬中华传统美德的永恒魅力，以中华传统美德的创造性转化和创新性发展在激荡的文化中彰显时代价值。要讲清楚中华优秀传统文化的历史渊源、发展脉络、基本走向，讲清楚中华文化的独特创造、价值理念、鲜明特色，增强文化自信和价值观自信。要认真汲取中华优秀传统文化的思想精华和道德精髓，大力弘扬以爱国主义为核心的民族精神和以改革创新为核心的时代精神，深入挖掘和阐发中华优秀传统文化讲仁爱、重民本、守诚信、崇正义、尚和合、求大同的时代价值，使中华优秀传统文化成为涵养社会主义核心价值观的重要源泉。要处理好继承和创新性发展的关系，重点做好创造性转化和创新性发展。我们必须高度重视继承和弘扬中华传统美德在社会主义道德建设中的重大意义，只有传承好中华传统美德，才能不断丰富和滋养社会主义道德体系，凝聚起全民族团结奋斗的磅礴力量。当前，我国正处于改革攻坚期、发展关键期和矛盾凸显期，经济体制深刻变革，社会结构深刻变动，利益格局深刻调整，生活方式深刻变化，人们思想活动的独立性、多元性和差异性日益凸显，价值判断和行为选择更加多元。弘扬中华传统美德，顺应了人民群众对良好道德风尚的期待与向往，对于解决当前社会生活中存在的道德滑坡等问题，唤起人们内心善良的道德意愿和道德情感，重振精神家园，形成适应现代社会发展、具有中国特色的价值观和伦理道德规范，无疑具有十分重大的现实意义。

三、中华传统美德是维护社会秩序和人际和谐的重要保障

马克思主义认为，人的本质是一切社会关系的总和。有了人便有了人类社会，每个人都是社会角色。在阶级社会，除了阶级之间的矛盾斗争和对抗之外，在本阶级内部，人与人之间，人与群体之间，总会发生各种接触、交往和联系，并且这种交互作用是经常发生的。因此，协调好社会成员之间的关系，就

成为维护社会和谐稳定的基础性工作。中华传统美德是一种中华民族共同尊崇的行为规范,可以调节人际关系,实现社会和谐,并对民众的幸福生活起到保障、促进作用。

中华传统美德以仁爱为本,以民本为用,它构成伦理与政治的思想基础,也是社会和谐的基础。"美德伦理具有其永恒持久的文化生命力,只要我们还必须持守我们自身人之为人的本质,并且保持我们的人性人道,只要我们不想放弃对人类生活的温情和温度的期待,中华传统美德的伦理作用就是不可替代的。"例如,"仁者爱人"是中国伦理思想的核心,这种利他主义价值导向一直是中华民族的主流。《论语》中的"己所不欲,勿施于人",《孟子》中的"老吾老及人之老,幼吾幼及人之幼",都体现了这种仁爱美德。这种爱不仅是一种感情,也是一种意志、行动和义务,一个有仁爱之心的人,就必然为爱所驱使,为所爱的人奉献,关心他,爱护他。亲亲、仁民、爱物,以至于"天下一家,中国一人",从而达至"民胞物与"。随着市场经济的发展,一些人过分追求个人私利,导致了人际关系的冷漠与紧张,影响了社会的和谐与稳定。弘扬助人为乐的友善情感,可以唤醒我们的道德良知,增进民众的集体意识,使人与人相互为善,增进社会和谐。从传统民本理论角度观察,民本思想的核心是以人为本,主张"民为邦本、本固邦宁",在治国理政实践中表现为权为民所用、利为民所谋、情为民所系。民为邦本是中国优良政治传统,也是实现国家长治久安、社会和谐稳定的根本。孔子的仁政思想,核心就是希望统治者全方位重视民生,不仅要在思想上有体恤百姓的高尚德行,而且要在治国过程中施行仁政。孟子进一步发展了孔子的仁政说,提出"以不忍人之心,行不忍人之政"。这些思想,对于新时代的国家治理理念和实践,仍然具有弥足珍贵的借鉴意义。

另外,中华传统美德中的公平正义、诚实守信等价值准则,则构成了社会有序和民众幸福的保障。先哲圣贤们留下的"理国要道,在于公平正直""大道之行也,天下为公""公与平者,即国之基址也","民无信不立""诚信者,天下之结也"……这些论述都充分强调公平正义、诚实守信在传统社会中的重要价值和作用。新时代传承和弘扬中华传统美德,重建公正、诚信的良好社会环境,对于确保社会和谐有序、人民幸福安康,都具有重大意义和深远影响。

四、中华传统美德是安身立命、身心和谐的精神支柱

中国古代极为重视个人品德,"立德""成德"被视为人的最高目的,在格物、致知、诚意、正心、修身、齐家、治国、平天下等古人总结概括的"八条目"中,个人品德修养占了五条,并构成了其他德目的基础。所谓"成德",就是指个人优秀品德的养成,内容非常丰富,既包括具体的行为符合道德规范,同时也包括个人人格的健全,二者互为表里。历史上,中华民族积累了丰富的个人道德资源,在具体道德行为方面,如谦让、勇敢、正直、自律等,都具有超越时代和世界的人文价值;在人格养成方面,将个人修养视为人一生的事业,不可疏忽,由此提出了立志、勤学、自省、自诚等众多理论,这些理论即使现在仍有其当代价值和实践意义。

礼义廉耻,国之四维,四维不张,国将不国。中华传统美德是调节人与人以及人与社会关系的道德准则,中华传统美德中蕴含着丰富的修身思想,是每个中国人立德修身的基础。"孝、悌、忠、信、礼、义、廉、耻"这些中华传统美德,在潜移默化中影响着中国人的思维方式和行为方式,渗透到每一个中华儿女的骨髓里,体现着评判是非曲直的价值标准。中华儿女几千年来对中华传统美德的遵循和坚守,逐渐发展成为一种全民族的价值信仰,进而转化成为一种强大的精神力量。例如,儒家提倡"富贵不能淫,贫贱不能移,威武不能屈""穷则独善其身,达则兼济天下"。强调的是对内心尊崇的价值理念和价值

准则的坚守，一种进退有据、淡定从容的人生态度。孔子曾称赞他的学生颜回："贤哉，回也！一箪食，一瓢饮，在陋巷，人不堪其忧，回也不改其乐。贤哉，回也。"生活非常贫困，让人难以忍受，但颜回却安贫乐道。其原因就在于颜回对美德有坚定的价值信念，其行为始终坚持道义为先的价值标准，显示出高度的主体精神和人格魅力，体现出"三军可夺帅也，匹夫不可夺志也"的精神力量。在此基础上，古人进一步认识到，道德的修养提升不仅有利于他们精神境界的提高和心灵的解放，而且对于身体的健康也大有裨益。因此，"仁者寿"的观点被广泛提及并接受。孔子认为"知者乐水，仁者乐山；知者动，仁者静；知者乐，仁者寿"。董仲舒提出"仁人之所以多寿者，外无贪而内清静，心和平而不失中正，取天地之美以养成其身"。这些论述丰富而精辟，值得我们认真思考学习，深入理解和践行这些中华传统美德，对于我们提高自己的修养、品行，增进身心健康具有非常重要的意义。

我们党历来重视继承和发扬中华优秀传统文化和中华传统美德，努力彰显其时代价值。中国特色社会主义进入新时代，中华优秀传统文化中很多思想理念和道德规范，不论过去还是现在都有其永不褪色的价值。中共中央办公厅、国务院办公厅印发的《关于实施中华优秀传统文化传承发展工程的意见》指出，"传承发展中华优秀传统文化，就要大力弘扬自强不息、敬业乐群、扶危济困、见义勇为、孝老爱亲等中华传统美德。"党员干部作为党的事业的中坚力量，必须坚定文化自信，必须具备良好的道德品行，党员干部的德对全社会起着至关重要的作用，"己不正焉能正人？"作为党员干部，更应学习优秀传统文化，继承中华传统美德，提升道德品行，夯实从政之基。

第二章　中华传统优秀美德之忠孝

第一节　中华传统优秀美德之忠诚

《说文解字》中讲：小篆"忠"字，从中，从心；本义作"敬"解，古以不懈于心为敬；必尽心任事始能不懈于位，故忠从心；又以中有不偏不倚之意，忠为正直之德，故从中声。从小篆的造字可见，忠是存心居中，正直不偏。

人要做到竭诚尽责，就是忠的表现。古人谓："忠者，德之正也。"唯正己可以化人，故正心所以修身乃至于齐家、治国、平天下。而尽忠者，必能发挥出最大的智慧和才干，因为公则明，偏则暗。正如《大学》所言，"致知在格物"，革除私欲之后，一切事物的道理无不清楚明白。因此，共产党员要想真正干好工作，服务人民，须臾都不能离开忠。

一、忠于祖国身家报国

忠于祖国是忠德的最高形式。《朱子家训》告诫子孙："为官心存君国，岂计身家。"在国难当头的时刻，鲁迅曾发出"我以我血荐轩辕"的誓言。在五千多年的发展中，中华民族形成了以爱国主义为核心的团结统一、爱好和平、勤劳勇敢、自强不息的伟大民族精神。坚持和发展中国特色社会主义伟大事业，离不开崇高的爱国主义精神支柱。共产党员是中华民族的先锋，做精忠报国的典范，关键时刻要舍家纾难，报效祖国。

（一）国家危亡九死不移

公元前100年，匈奴政权新单于即位，汉朝皇帝为了表示友好，派遣苏武率领一百多人，带了许多财物，出使匈奴。不料，就在苏武完成了出使任务，准备返回自己的国家时，匈奴上层发生了内乱，苏武一行受到牵连，被扣留下来，并被要求背叛汉朝，臣服单于。最初，单于派人向苏武游说，许以丰厚的俸禄和高官，苏武严词拒绝了。匈奴见劝说没有用，就决定用酷刑。当时正值严冬，天上下着鹅毛大雪，单于命人把苏武关入一个露天的大地窖，断绝食物和水，希望这样可以改变苏武的信念。时间一天天过去，苏武在地窖里受尽了折磨。渴了，他就吃一把雪，饿了，就嚼身上穿的羊皮袄。过了好几天，单于见濒临死亡的苏武仍然没有屈服，只好把苏武放出来了。单于知道软硬兼施，劝说苏武投降都没有希望，又敬重苏武的气节，不忍心杀苏武，但不想让他返回自己的国家，于是决定把苏武流放到西伯利亚的贝加尔湖一带，让他去牧羊。临行前，单于召见苏武说："既然你不投降，那我就让你去放羊，什么时候公羊生了羊羔，我就让你回到中原去。"苏武被流放到了人迹罕至的贝加尔湖边。在这里，单凭个人的能力是无论如何也逃不掉的。唯一与苏武做伴的，是那根代表汉朝的使节棒和一小群羊。苏武每天拿着这根使节棒放羊，心想终有一天能够拿着回到自己的国家。这样日复一日，年复一年，使节棒上面的装饰都掉光了，苏武的头发和胡须也都变白了。在贝加尔湖，苏武牧羊达十九年之久。十几年来，当初下命令囚禁他的匈奴单于已去世了，就是在苏武的国家，老皇帝也死了，老皇帝的儿子继任皇位。这时候，新单于执行与汉朝和好的政策，汉朝皇帝立即派使臣把苏武接回自己的国家。苏武在汉朝京城受到热烈欢迎，从政府官员到平民百姓，都向这位富有民族气节的英雄表达敬意。

两千多年过去了，苏武牧羊的故事成为中华民族爱国主义精神的典范，成为一种民族文化心理要素。善莫大于尽忠，恶莫大于不忠。《忠经》说："为人臣者，官于君，先后光庆，皆君之德，不思报国，岂忠也哉？"忠臣报国"无言不酬，无德不报"。全党同志要强化党的意识，牢记自己的第一身份是共产党员，第一职责是为党工作，做到忠诚于组织，任何时候都与党同心同德。共产党员必须时刻牢记自己是党组织的人，把对党绝对忠诚作为基本的政治素养，要始终保持忠于党、忠于国家、忠于人民的政治品格。党员热爱党、拥护党，党才会充满活力，始终保持创造力、凝聚力、战斗力。

（二）以身殉国忠贞不渝

每年的农历五月初五，是三大传统节日之一的端午节，以纪念伟大的爱国者屈原。屈原是战国时楚国的政治家、爱国诗人，他辅佐楚怀王，对内变法图强，对外主张联齐抗秦，楚国一度出现了国富兵强的好局面。由于受到嫉妒，屈原先遭疏远，后被逐出都城郢，到了汉北，辗转流离于沅、湘二水之间。公元前278年，秦攻破郢都，屈原悲愤不已，投汨罗江而死，用生命谱写了一曲忠贞爱国的悲壮之歌。

今有诗云："屈子当年赋楚骚，手中握有杀人刀。艾萧太盛椒兰少，一跃冲向万里涛。"临患不忘国，忠也。忠于国家的极致表现，就是舍生忘死，在所不惜，"人生自古谁无死，留取丹心照汗青"。

天下兴亡，匹夫有责。今天的共产党员讲爱党爱国，不能只停留在嘴上，也不是人人时刻都面临以身殉国的危险，更多的是立足本职，工作明志，岗位爱国，始终做到与人民群众同呼吸、共命运、心连心，始终与祖国为一体，同甘苦、共患难，这才是共产党人永久而经典的爱国！

（三）精忠报国视死如归

南宋名将岳飞，少时勤奋好学，练就一身好武艺。1126年金兵大举入侵中原，开始了他投军抗金、保家卫国的戎马生涯。临走时，母亲在他背上刺下了"精忠报国"四个大字，成为岳飞终生遵奉的信条。1139 年，岳飞创立的岳家军和金兵发生激战，大破金军"铁浮屠"和"拐子马"，金兀术大败。岳飞激励将士："直抵黄龙府，与诸君痛饮尔！"金军则发出了"撼山易，撼岳家军难"的哀叹。后来，皇帝赵构听信秦桧谗言，连发十二道金牌将岳飞召回。因不好治岳飞"抗旨"之罪，就用"莫须有"的罪名将岳飞父子杀害在风波亭上。

"捐躯赴国难，视死忽如归"。民族英雄文天祥在被俘途中写下了这样的诗句："满地芦花和我老，旧家燕子傍谁飞？从今别却江南路，化作啼鹃带血归！"在中国历史上，每当国破家亡、山河沦陷的危急时刻，总有一大批仁人志士挺身而出，勇赴国难，为国尽忠。他们是国家民族的脊梁，其英名永垂青史。据统计，抗日战争期间，中国军民伤亡高达 3600 多万人，其中军人 380 多万人。他们为国捐躯的大忠大德，必将激励当代共产党人更加牢记使命，无私忘我工作，以此报效祖国。

（四）生死利国不避祸福

晚清政府十分腐败，英国源源不断地将毒品鸦片偷运进中国，毒害百姓。湖广总督林则徐十分焦急，多次上书陈述鸦片的危害。道光皇帝接受了林则徐的建议，任命他为钦差大臣，负责禁烟。1839 年 3 月，林则徐来到广州，在两广总督府衙门的大门贴出一副对联："海纳百川，有容乃大；壁立千仞，无欲则刚。"林则徐虚心待人，一心为公，态度坚决，措施有力，得到人民支持，外国烟贩被迫交出鸦片 2 万多箱，237 万余斤（1 斤＝500 克）。1839 年 6 月 3 日，林则徐在虎门海滩把缴获的鸦片全部销毁。虎门销烟是一次伟大的爱国运动，揭开了近代中国人民反侵略斗争史的帷幕，也是国际禁烟史上的第一座丰碑。虎门销烟之后，林则徐被问罪并充军新疆伊犁。与家人离别时，他坦然地说："苟利国家生死以，岂因祸福避趋之。"

家贫出孝子，国难识忠臣。林则徐的千古名句"苟利国家生死以，岂因祸福避趋之"，直至今天仍然有着强烈的现实意义，值得每一位共产党员学习铭记。

二、忠于人民事业报国

人民是国家的主人，热爱祖国，必然热爱人民。《尚书》认为："民惟邦本，本固邦宁。"无民则无家，无家则无国，无国则无君。孟子提出"民为贵，君为轻，社稷次之"（《孟子·尽心下》）的思想。苏轼甚至在奏章中说："天下者非君有也，天下使君主之耳。"天下不是君王私有的，只是让君王负责领导罢了。

忠于祖国，必然要求忠于人民，以民为本，尊重人的尊严与价值。"政之所兴，在顺民心；政之所废，在逆民心。"实践证明，人心向背，是决定一个政党、一个政权盛衰的根本因素。"相信谁、依靠谁、为了谁，是否始终站在最广大人民的立场上，是区分唯物史观和唯心史观的分水岭，也是判断马克思主义政党的试金石。"共产党员忠于人民，坚持顺民意、谋民利、得民心，体现了党立党为公、执政为民的本质。

（一）休养生息施惠于民

唐太宗李世民即位后，吸取隋朝灭亡的教训，爱惜民力，轻徭薄赋，合并州县，革除"民少吏多"弊病，减轻人民负担，让老百姓休养生息。他任人唯贤，知人善用；广开言路，虚心纳谏；以农为本，减轻徭赋，厉行节约，完善科举制度等政策，社会出现了安宁局面。唐太宗在位期间，经济发展，社会安定，政治清明，人民富裕安康，出现了空前的繁荣，史称"贞观之治"。

人民群众是历史的创造者。"群众是真正的英雄，而我们自己则往往是幼稚可笑的。"春秋时的管仲认为："夫民，别而听之则愚，合而听之则圣。"唐太宗也深知："君，舟也；人，水也。水能载舟，亦能覆舟。"

党员干部要真正站在人民大众立场上，归根到底必须解决好为谁掌权用权的问题。党员干部的权力是人民赋予的，只能用来为人民谋利益，决不能把它变成牟取个人或少数人私利的工具。我们要始终牢记党的根本宗旨，从思想和感情深处真正把人民群众当主人、当先生，把自己看作人民群众的公仆和学生，多向群众学习，多为群众着想。回应群众的诉求，把党的各项惠民政策落到实处，使人民群众真正得到实惠，共享改革开放的成果。

（二）民富国强藏富于民

公元1430年，进士周忱到江南掌管粮税，将苏州府与江南其他各府的税粮进行调整，创立"平米法"。当时，依照法定税则征收的税粮叫"正米"，为了应付漕运费用和损耗等而加派的税粮叫"耗米"。官田与民田、一般农户的田与官绅们的田负担的耗米，各不相同。周忱将"耗米"按照一定比例摊派，不分大小户，随同正米一并征收。这种正耗并征的税粮，叫"平米"。

"平"，有公平、平均之意。征收的"平米"在支付运费和损耗后留下的剩余部分，则称为"余米"，作为开支地方各项公费及弥补赋税亏欠的储备。这样，"平米法"减轻了百姓的负税，利民的同时也有"余米"利国。

《管子·治国》中告诉后人："凡治国之道，必先富民。民富则易治也，民贫则难治也。"为民谋利，藏富于民，民富进而国富，是爱国与爱民相统一的好结局。透视当前时有发生的群体性事件，很大一个原因在于，有的地方片面强调经济发展，片面维护企业与自身利益，漠视群众的权利要求与利益诉求，忽略甚至忘记了应有的服务职能，造成事实上的与民争利、与民对立，带来一系列严重的后果。这些沉痛的教训，难道不值得我们深思和警醒吗？

(三) 生财为民让利于民

一天,曾子总结与其弟子的讨论时说:政治上的最终理想是"至善",道德修养是"诚意、正心、修身",政治实践是"齐家、治国、平天下"。在描述"治国平天下"宏伟蓝图时,曾子阐述了"得众、慎德、生财"的思想。他说:"得众则得国,失众则失国。""治国平天下"的人,应做"民之父母",以"民之所好好之,民之所恶恶之"。因此,要赢得民心,就必须"慎德"。但"生财"也很重要,生财之道能使"生之者众,食之者寡,为之者疾,用之者舒"。生财的目的在于富民、得民,"是故财聚则民散"。因此,必须反对"聚敛之臣"。"百乘之家,不畜聚敛之臣。与其有聚敛之臣,宁有盗臣。"治国平天下者,不应"以利为利",而应"以义为利也"。

《礼记》认为:"财聚则民散,财散则民聚。"当权者如果一味聚敛财富,民心就会离散;如果把财富分散给人民,人民就会衷心拥护。古人说:"小富者荣身,大富者济民,国富则济天下。"

要全面建成小康社会,必须坚持发展为了人民、发展依靠人民、发展成果由人民共享,不断使人民群众得到更多的实惠,使全体人民朝着共同富裕的方向前进。每一名共产党员,只要把人民捧在手中悉心呵护,人民就会把我们放在心中永远铭记。真是"金杯银杯,不如老百姓的口碑;这奖那奖,不如老百姓的夸奖"。

(四) 以命换民造福于民

宋代的洪皓年轻时,在秀州作司录官,碰上大水来临,许多食物不能及时发给老百姓。当时,秀州是粮食的转运站,米到此处要转送到其他地方。于是,他向郡守建议,将官库里的谷粮不转运,直接发放给受灾百姓。郡守不敢担责,不同意他的做法。洪皓又说:"我愿意用自己的生命来换十万人生命,希望郡守将粮发给岌岌可危的百姓。"太守深为感动,如此赈济灾民,"所活九万五千余人"。

百姓深为感佩,把他喻为救苦救难、悲天悯人的活菩萨,称他为"洪佛子"。在水灾后不久,又遇到了盗贼,盗贼抢到洪家的时候,知道他是洪皓,就说:"洪佛子不能抢。"去世后,他获得"忠宣"的谥号。

《左传》说:"国之兴也,视民如伤。"急人民之所急,痛人民之所痛,人民才会安居乐业,国家才会繁荣兴旺。在2008年5月12日发生的四川汶川8.0级特大地震中,全国人民众志成城,抗震救灾,凝结成了"自强不息、顽强拼搏,万众一心、同舟共济,自力更生、艰苦奋斗"的伟大抗震救灾精神。从中我们看到了中华民族复兴的伟大力量:共产党人深怀爱民之心,恪守为民之责,急群众之所急,想群众之所想,办群众之所需,展现了党一切为了人民的光辉形象,受到世界各国的广泛赞誉。

《说文解字》:忠,敬也,尽心曰忠。从中、从心,即存心居中,正直不偏。忠也者,一其心之谓也。尽己之谓忠。东汉马融认为:天下至德,莫大乎忠。忠能固君臣,安社稷,感天地,动神明。夫忠,兴于身,著于家,成于国,其行一焉。是故一于其身,忠之始也;一于其家,忠之中也;一于其国,忠之终也。

三、忠于职守岗位报国

伟大寓于平凡之中。为国爱民,必须忠于职守。孔子的学生曾子讲:"吾日三省吾身,为人谋而不忠乎?"每日反省自己,别人托付的事情,是不是尽心尽力地办到了?共产党员要牢记对民族的责任、对人民的责任、对党的责任,自觉地把当代共产党人的责任担当统一于实现国家富强、民族振兴、人民幸福和人类发展进步之中,这也是中国共产党的执政理念和价值追求。党肩负着民族振兴的重任,忠诚履责、尽心尽责、勇于担责，是党员干部的优良品质和工作作风，也是党员先进性的重要体现。

（一）勤勤恳恳恪忠职守

李文耕在清朝嘉庆、道光年间，曾在山东、湖北、贵州等地为官。李文耕勤政自勉，政绩显著，"以清讼息盗，兴利除害为先，而尤尽心于教化"，为民尽忠职守，百姓安居乐业，深受百姓的信任和爱戴。在李文耕调离山东邹平时，"老幼饯送者拥塞街衢，追至数十里不忍别"。据史书记载，李文耕每过邹平，"士民必挽留，其子孙至亦如之"。李文耕给后人留下的至理名言"官不勤则事废，民受其害"，就是其一生的写照。

常言道："一勤天下无难事。"晚清名臣曾国藩说："习勤劳，以尽职。"立足本职，勤勤恳恳工作，兢兢业业干事，既是我们的本分，也是对一个共产党员最起码的要求。勤勤恳恳忠于职守，要求我们多一些实干、少一些浮华，多一些建议、少一些埋怨，多一些努力、少一些懈怠。无论在哪个工作岗位上，都始终能做到尽心尽力、无愧于心，"做一颗永不生锈的螺丝钉"。

（二）艰苦奋斗尽忠职守

多年前，重庆梁平县虎城镇交通落后，车辆难行，货物进出主要靠肩挑背扛。镇党委书记邓平寿看在眼里、急在心里，做出了改善群众生产生活条件、硬化村组公路的决定。邓平寿既当指挥员，又当战斗员，常对干部说："工作是累不死人的，当一天干部，就得为群众办一天事。"在千丘村组公路硬化现场，他像年轻人一样搬石头、抬水泥，过度疲劳晕倒在修路工地上。经抢救苏醒后，邓平寿不顾家人的劝阻，说了句"我没事"，又拖着病体离开医院赶回了工地。功夫不负有心人，历经十年的艰苦努力，虎城基本实现了县道连村道、村道连组道的水泥路交通网，多数群众"走路不湿鞋"。虎城修路又多又好，传遍了县内外。

邓平寿长期忘我工作，积劳成疾，最后累倒在工作岗位上，用生命铸就了两个金光闪闪的大字——"忠诚"。他把对党和人民的无限忠诚，化作艰苦奋斗的实际行动，生前被称为"泥脚书记""田坎书记""草鞋书记""挎包书记"，病逝后竟有数千名老百姓自发组织起来护送他的灵车回家。重庆市授予邓平寿"重庆直辖十年建设功臣"荣誉称号。

今天，衡量一名共产党员、一名领导干部是否具有共产主义远大理想，是有客观标准的，那就要看他能否坚持全心全意为人民服务的根本宗旨，能否吃苦在前、享受在后，能否勤奋工作、廉洁奉公，能否为理想而奋不顾身去拼搏、去奋斗、去献出自己的全部精力乃至生命。邓平寿同志劳碌、为民的一生，是艰苦奋斗、忠于职守的一生，他用自己的生命，交出了一份党和人民满意的优秀答卷。

（三）忧国忘身忠肃尽职

明朝名臣于谦，民族英雄。与岳飞、张苍水并称"西湖三杰"。他为官清廉，关心百姓，不畏强暴，刚正不阿。正统十一年，进京觐见因不向王振献媚送礼，引起王振不满，遭其暗地指使其党羽李锡给他加上对明英宗朱祁镇不满的罪名下狱论死。后因两省百姓官吏乃至藩王力请复任。正统十四年土木堡之变，明英宗被瓦剌俘获，他力排南迁之议，坚请固守，进兵部尚书。代宗立，整饬兵备，部署要害，亲自督战，率师二十二万，列阵北京九门外，破瓦剌之军。他以社稷为重，君为轻，不许。也先被迫释放英宗。英宗既归，仍以和议难恃，择京军精锐分十团营操练，又遣兵出关屯守，边境以安。在他几十年的官场生涯中没有贪过污、受过贿，虽然生活并不宽裕，却从未滥用手中的权力，在贫寒中始终坚持着自己的操守。

明代宗朱祁钰病重。石亨、曹吉祥、徐有贞等，发动夺门之变，迎接明英宗朱祁镇恢复帝位。夺门之变后，于谦等被捕入狱。在石亨等人的诬陷下,于谦在北京城被杀。

明宪宗成化元年(1465年),于谦冤案得以昭雪,朝廷诰示天下说:"当国家之多难,保社稷以无虞,惟公道之独持,为权奸所并嫉。在先帝已知其枉,而朕心实怜其忠。"

《忠经》说:"秉职不回,言事无惮,苟利社稷,则不顾其身。上下用成,故昭君德,盖百工之忠也。"于谦的至忠至诚,历来为国人称颂,也是共产党员学习的榜样。

(四) 不惧权威诚忠职守

唐朝李绛在朝为官,能直谏皇上,一生不同小人为伍。皇帝曾几度要提拔他,甚至说:"李臣所言,朕应该把它记下来绑在腰带上,天天用来警诫省察。"大诗人白居易一生为官,不好名利。有一次,白居易劝谏皇上要容纳群言,可皇上却要治他的罪。李绛劝皇上说:"白居易一片忠贞,如果皇上治他的罪,天下人都必须把嘴闭上。"皇上听到李绛说此话,面色稍霁。

有一次,皇上太过分地责怪李绛的不是,使他很难堪。李绛非常难过,哭着说:"我是怕您左右的人都不敢说真话,辜负了殿下,对不起天下人,更对不起皇上啊!如果臣子跟你说的话你不爱听,皇上就辜负了臣子的一片忠心。"皇上才恍然大悟,理解了李绛。

《忠经》认为:"明王之理也,务在任贤,贤臣尽忠,则君德广矣。""忠臣之事君也,莫先于谏,下能言之,上能听之,则王道光矣。"李绛敢于多次劝谏触犯皇上,在于他有一颗忠贞不渝、尽忠职守的忠诚之心,也在于皇帝视之为"腰带",具有省察之明。延安时期,党外人士李鼎铭等提出了"精兵简政"的建议,及时得到采纳,共产党的方针就是,"他提得好,对人民有好处,我们就照办。""精兵简政"为度过抗战困难,取得最后胜利,进而夺取全国胜利提供了重要保障。

四、忠于亲友齐家报国

《大学》说:"欲治其国者,先齐其家。"今天讲的"家",不仅仅是家族亲友,也包括家乡、邻居。齐家是治国理政的基础,指家族管理或者乡村治理中,成员之间能够齐心协力、和睦相处。古人要求齐家以忠。《忠经》说,忠德的中间层次,是指在与家族亲朋相处中,彰显忠的美德。"家一,则六亲各。"家族亲友与家乡近邻,一心一意地忠心待人,就会和睦相处、团结互助。可见,忠既是为国之本,也是立身之本,要求忠于家族乡邻,忠于朋友。对共产党员而言,既要齐亲友"小家",更要齐人民群众这个"大家",自觉处理好党群、干群关系,密切党与人民的血肉关系。党群关系好比鱼水关系,共产党是鱼,老百姓是水;水里可以没有鱼,鱼可是永远也离不开水啊!

(一) 宗族家人忠记心间

前国家主席杨尚昆曾说:"我们家在共产党处于地下状态时就有6个共产党员,这在当时是很少有的。为什么这样一个家庭里会出这么多共产党员?这有外部环境影响和家庭内部状况两方面的原因。从家庭内部来说,同我四哥杨闇公直接有关。"

杨尚昆一直把他的胞兄杨闇公称为他"早年的革命引路人"。杨闇公是中共重庆地方执行委员会(相当于中共四川省委)的第一任书记,比杨尚昆年长9岁,与五弟杨尚昆很亲近。1920年秋,杨闇公从日本留学归国后,积极宣传革命思想,并动员家人革命,给杨尚昆幼小的心灵中"播下了革命的火种"。

在杨闇公的动员下,1921年春,杨尚昆考入成都高等师范学校的附小和附中学习。在此期间,通过杨闇公的引荐,杨尚昆参加了进步团体,初步接触到马克思主义学说,阅读了《共产党宣言》《中国青年》等进步书刊。杨闇公在日记中写道:"接五弟一信,论吾族的毛病,很得大要,足见他的思想,已日渐趋于本道矣。心甚喜!立复一函与他。""与五弟等一信,指他进行的方略,读书的捷径,对于主义研究所得的,全数告他,免他再走歧途。"

1925年夏,18岁的杨尚昆从成都毕业回到重庆。在杨闇公的指导下,杨尚昆阅读了《共产主义ABC》和《新社会观》两本书,加入了共青团,并转入中国共产党。1926年夏,在杨闇公的建议下,杨尚昆进入共产党领导创办的上海大学学习。1926年底,杨尚昆受重庆地委派遣到莫斯科中山大学学习,踏上了革命的新征程。

兄弟与亲人血浓于水,除了血脉相连,更多的是真诚的关爱,相互的忠心,否则,只能是血淡于水。试想,一个不忠不孝之人,还能指望他忠于党、忠于人民吗?

(二) 糟糠之妻忠贞不二

《后汉书·宋弘传》有言:"贫贱之知不可忘,糟糠之妻不下堂。"不能忘贫穷卑贱时结交的朋友,不可抛弃共患难的妻子。古训也说:"富不易妻""贵不弃妻"。夫妻间忠贞不贰,是中华民族代代相传的美德。

东汉初年光武帝刘秀即位后,宋弘被任命为太中大夫。宋弘高风亮节,备受时人赞许。当时,光武帝的姐姐湖阳公主成了寡妇。光武帝甚为操心,一心想为她重找意中人。有一次,他假装和公主议论朝中大臣,实为探公主之心意。公主说:"宋弘相貌威武、品德高尚,满朝文武中谁也比不上他。"不久,光武帝就召见了宋弘。在面见宋弘的时候,光武帝特地安排湖阳公主坐在屏风的后面。光武帝说:"我听说有这么一句谚语,叫作'贵易交,富易妻',不知道这是不是人之常情?"宋弘回答说:"我只听说过,贫贱时候相交的朋友,富贵后不能忘记;患难时结识的妻子,富贵后不能抛弃。"光武帝听了,就回过头对着屏风说:"算了,看来事情是办不成了。"刘秀深为宋弘的为人所感动,不仅没有责怪他,反而对他更加看重。从此,"糟糠之妻不下堂"便世代流传下来。

时下,个别党员干部面对花花世界,思想发生蜕变,忘记古人尚知的"糟糠之妻不下堂",做出对配偶不忠之举。夫妻间忠贞不渝的爱情是人世间最美好的情感,党员干部理应成为忠贞不渝的模范。因为,连至亲之间的忠诚都不能坚守的人,何以做群众的榜样,何以承担党和人民托付的重任。

(三) 朋友乡党忠义第一

《世说新语》中记载:荀巨伯从远方来探望朋友的病情,此时正赶上胡人大举进攻郡城。朋友对荀巨伯说:"今天情况很紧急,我将要死去,你赶快离开吧!"荀巨伯说:"我从远方不远千里来探望你,而你却让我离开,舍弃忠义而寻求生命,这岂是我巨伯的所作所为?"不久贼兵攻破郡城,对荀巨伯说:"我们大军入城,一郡的人都跑光了,你是何等男人,竟敢独自留在城中?"荀巨伯说:"友人有疾,不忍委之,宁以我身代友人命。"贼人的首领听了,对荀巨伯说:"我辈无义之人,而入有义之国。"于是班师回国,整个郡城幸免此难。

冯梦龙在《东周列国志》中说:"不忠不信,何以立于天地之间?"《诗经》云:"凡民有丧,匍匐救之。"当别人有了灾难,应该全力以赴前去救助。《朱子家训》告诉子孙:"见穷苦亲邻,须加温恤。"危难之际见真情。急不相弃的忠心仁义,不仅能完善自我,也能扶助他人,造福社会。对共产党员来说,就是要时刻把群众的安危冷暖挂在心上,对群众生产生活面临的这样那样的困难,特别是对失业家庭、农村贫困人口和城市贫困居民等困难群众遇到的实际问题,一定要带着深厚的感情帮助解决。

(四) 李善救主忠心不移

汉朝的李善当过李家的苍头。他忠实老成,勤勉厚道,多年来,一直忠心耿耿侍奉主人。后来,李府全家上下不幸都染上了瘟疫,一家大小都死了,只留下了万贯的家财和出生不久的婴儿——李续。其他仆人都想杀害小李续,霸占李家财产。李善只好带着熟睡的李续,连夜逃了出去,开始了无比艰难的隐居生活。光阴如梭,转眼间,李续已经十岁了。李善决心为李家恢复家业,来到官府击鼓申冤,希望能讨回公道。县令了解了李善忠义的节操之后,深为感动,为李家平反冤情,收回了财产,惩治了谋害李续的佣人。李善带着小主人终于回到了久别的故乡。后来,李善因忠诚成名,做了太守,仍坚持定期到主人坟上祭奠。每到这时,他便悲不可遏,痛不欲生。

《诗经·小雅》云:"不愧于人,不畏于天。"因为忠贞不二,所以对他人无所愧疚,对上天也无所畏惧。李善不仅抢救、抚养少主,而且帮助少主收回了家业,足显对主人的一片忠心。人民是国家的主人,党员干部是人民的公仆,公仆理应为人民服好务。但眼下在少数地方和少数人身上,"主仆关系"易位,甚至"主人"办事得求"仆人",还要看"仆人"的脸色。一定要把错位的"主仆关系"颠倒过来。

五、忠于天理德行报国

共产党人历来主张"不唯书,不唯上,要唯实。"历史上,无数仁人志士为了忠于"理""义"等天理,赴汤蹈火,在所不辞!在皇权至上的古代社会,儒家认为"以道事君,不可则止""勿欺也,而犯之。"在当代中国,坚持中国特色社会主义道路,就是真正坚持社会主义;在当代中国,坚持中国特色社会主义理论体系,就是真正坚持马克思主义。共产党员坚定理想信念,就要高举中国特色社会主义伟大旗帜,走中国特色社会主义道路,以习近平新时代中国特色社会主义思想为指导,继续解放思想,实事求是,昂首阔步开启新征程,为建成富强、民主、文明、和谐、美丽的社会主义现代化强国而奋斗。

(一) 忠于信仰肝胆照人

1921年冬,夏明翰加入中国共产党后,在长沙从事工人运动,参与领导了人力车工人罢工斗争。1927年7月大革命失败后,夏明翰参与发动秋收起义。10月,湖南省委派他兼任平(江)浏(阳)特委书记,领导发动了平江农民暴动。1928年初,夏明翰被党调到湖北工作,任中共湖北省委常委。同年3月18日,由于叛徒的出卖,他在武汉被敌人逮捕。3月20日清晨,敌人将他押送到汉口余记里刑场。当敌执行官问还有什么话要说时,夏明翰大声说:"有,给我拿纸笔来!"于是,夏明翰写下了大义凛然的就义诗:"砍头不要紧,只要主义真。杀了夏明翰,还有后来人。"

孔子的学生颜渊云:"自古皆有死,人无信不立。"这里的信,就包含信仰的意思。信仰是一个人的灵魂,没有信仰,就没有灵魂。杨闇公在牺牲前也怒斥敌人:"你们只能砍下我的头,可绝不能丝毫动摇我的信仰。我的头可断,志不可夺!"杨闇公的话,表现了一个共产党员坚守自己的信念,宁死不屈的大无畏革命精神。

为共产主义奋斗终身,这是我们共产党人的坚定信仰与铮铮誓言。但在我们身边,有的共产党员已经淡忘了党员身份,把自己等同于一般群众,工作上低标准,待遇上高要求;更有甚者,早已忘记入党誓词,为了少承担责任、少交纳党费而隐瞒党员身份,如此等等,与对一名共产党员的要求格格不入、背道而驰。如革命先烈泉下有知,不知当何以面对?

(二)忠于学业永无止境

北宋名臣寇准,虚心向曾任蜀地太守的张咏求教。寇准说:"公何以教准,准当洗耳恭听。"张咏深知寇准忙于处理公事,学术不深,便委婉地说:"《霍光列传》不可不读也。"寇准不解张咏话意,回到住所,急忙取来《汉书》翻至《霍光列传》。当读到"不学无术"这句话时,猛然省悟:"张公言我,正是此句,多年来忙于事务,懒得读书,确是学术不足了,务须改过才是。"

从此，寇准虽日理万机，但仍然秉烛夜读，终于成就一代名相。

《宋元教案》中说："学以立志为先，以忠信为本。"有了忠信的基础后，"仕而优则学，学而优则仕"（《论语》）。做官的事情做好了，就要更广泛地去学习以求更好；学习学好了，就可以去做官，以便更好地推行仁道。

学习是一种本领，是一种境界，是一种追求。在21世纪这个知识经济的时代，不学无以安身立命，更何谈服务他人、奉献社会。愿我们身边多一些读书声、少一些麻将声，多一些厚重、少一些浅薄。

（三）忠于师道身体力行

东汉时代，有一个人叫魏昭。当他还在童年求学的时候，被郭林宗的品德、学识所折服，认为他是一位难得的好老师，便对人说："教念经书的老师是很容易请到的，但是要请到一位能教人成为老师的人，就不容易找到了。"所以他就拜郭林宗为老师，而且派奴婢侍奉老师。郭林宗体弱多病，有一次他要魏昭亲自煮粥给他吃。当魏昭端着煮好的粥进来的时候，郭林宗便呵责他煮得不好，魏昭就重新煮一次。这样一连三次，到了第四次，当魏昭和颜悦色地将端粥来时，郭林宗才笑着说："我以前只看到你的外表，今天终于看到你的真心啦！"于是大喜，将毕生所学，全部教给了魏昭，魏昭终成知名儒家学者。

《礼记·学记》上说："凡学之道，严（尊）师为难。师严然后道尊，道尊然后民知敬学。"韩愈说："师者，传道、授业、解惑也。"古人尊师如父，有"一字之师，终身为父"之说，就是忠于道义，忠于真理的体现。

我国广大教师认真贯彻党的教育方针，默默耕耘、无私奉献，用爱心、知识、智慧点亮学生心灵，培养了一批又一批优秀人才，为我国教育事业发展、为国家发展和民族振兴作出了突出贡献。百年大计，教育为本。教师是立教之本、兴教之源，承担着让每个孩子健康成长、办好人民满意教育的重任。为早日实现中华民族伟大复兴，必须在全社会大力弘扬尊师重教之风，共产党员更应该成为尊师重教的模范，使忠于真理道义成为时代风尚。

（四）忠于节操死亦无悔

《朱子家训》说："见富贵而生谄容者，最可耻；遇贫穷而作骄态者，贱莫甚。"《庄子·秋水》有云："夫鹓雏发于南海而飞于北海，非梧桐不止，非练实不食，非醴泉不饮。"凤一类的鸟从南至北，非梧桐不栖，非竹实不食，非甘泉之水不饮，以此喻人操守高洁，忠于气节而至死不辞。

《礼记·檀弓下》记载：有一年，齐国遇上大饥荒，有一个叫黔敖的人在路边做慈善事业：发放食物，救济饥饿的人。其中，有一个饥肠辘辘的人，头蒙着破旧的衣服，脚上拖着破烂的鞋子，一摇一摆地走来。黔敖左手给食，右手端水，让那人吃东西。然后，抬起眼睛看了看领食物的人，发现有一个人虽奄奄一息，但就是不吃黔敖所给之食，最后饿死了。后来世人感叹：此人不食"嗟来之食，以至于斯也。从而谢焉，终不食而死。"

故事赞扬那个饿死之人有骨气，忠于节操，宁为尊严而死。闻一多先生宁愿饿死也不吃美国施舍的救济粮，展现出中国人民崇高的民族气节。是人，就要有尊严，要有自己的节操，在不义之财面前昂首挺胸。古人尚且不食"嗟来之食"，我们今天的共产党员就更应讲正气、有骨气！

第二节　中华传统优秀美德之孝道

《说文解字》讲：金文"孝"字，为子承老形；小篆之"孝"，从老的上半部分，从子，意谓子背着父母，即子能承其亲，并能顺其意。故"孝"，上为老、下为子，是上一代与下一

第二章　中华传统优秀美德之忠孝

代，融为一体，生生不息。"善事父母者"，谓之孝。

"孝"是中华民族的传统美德，是调节代际关系、实现家庭和睦、构建和谐社会的一剂良药。儒家文化一贯提倡孝道，孔子和孟子把"孝"的情感提升到"道"的高度，提出孝是一切人伦道德的根本，应该把对自己父母之爱延伸及其他老年人。《孝经》说："人之行，莫大于孝。""千年脉暖孝当先，德化熏风永世传。"

孝不分老少、贵贱，超越民族、阶层，人人需要，人人可行。尽孝不能等待！鉴于党员干部的思想意识、道德水准对社会风气具有导向作用，每个共产党员都要及时行孝尽孝，不要留下"树欲静而风不止，子欲养而亲不待"的遗憾。

一、百善之德始于孝道

《孝经》开宗明义就讲："夫孝，德之本也。""孝，乃百行之本，众善之初也。"子女之身，乃父母之分，不孝父母就失去了自身的根本。小孝治家，中孝治企，大孝治国。红岩英烈王朴，放弃富家生活投身革命。在他的引导下，母亲金永华变卖家产，为地下党组织提供了两千两黄金作为活动经费。在牺牲前，王朴烈士为不满周岁的孩子取名"继志"，要儿子沿着父亲的道路继续走下去，充分展现了共产党人舍家为国这一天地间最大的孝。

（一）千万经典孝为起点

《增广贤文》说："千万经典，孝义为先。"孝作为一个经久不衰的主题，被人们千古传唱。先辈们将"孝"千锤百炼、浓缩改编，汇集成了《孝先歌》。

"人生五伦孝当先，自古孝为百行原。欲知孝道有何尽，听我慢慢为你言：好饭先尽爹娘用，好衣先尽爹娘穿。劳苦莫教爹娘受，忧愁莫教爹娘担。时时体贴爹娘意，莫教爹娘心挂牵。宝局钱场我休往，花街柳巷莫游玩。保身惜命防灾病，酒色财气不可贪。为非作歹损阴德,惹骂爹娘心怎安?是耕是读是买卖,安分守己就是贤。每日清晨来相问,冷热好歹问一番。老人食物宜软烂,冷硬切莫往上端。富家酒肉常不断,贫家量力进肥甘。但愿自己受委屈,莫教爹娘受艰难。莫重财帛轻父母,莫受挑唆听妻言。爹娘若是偏兄弟,想是咱身有不贤。双全父母容易孝,孤寡父母孝难全。白日冷清常沉闷,黑夜凄凉形影单。亲儿亲娘容易孝,唯有继母孝更难。有时爹娘身得病,谨慎调养莫等闲。煎汤熬药须亲手,不可一日离床前。休说自己劳苦大,爹娘劳苦更在先。人子一日长一日,爹娘一年老一年。既遭不幸出丧事,不可鼓乐闹喧天。不尚虚文只哀恸,要紧预备好衣棺。丧葬之后孝再行,按节祭扫把坟添。兄弟姐妹要亲爱,父母含笑九泉安!"

时至今日,我们读起《孝先歌》依然心潮澎湃,感慨万千:字里行间斟满爱,父母情深泪成河。儿行千里母担忧,母病床前儿痛苦。天若有情天亦哭,泪飞顿作倾盆雨。

(二)立身兴业孝悌为本

百善孝为先。孝是传统美德的起点,不讲孝道,就难以齐家睦邻。家是国的缩影,不讲孝悌,何谈爱党爱国。家庭是社会的细胞,亲情则是维系细胞生存的核心。家庭成员之间如果没有亲情维系,就形不成凝聚力、向心力,就会形同路人,甚至兄弟不如邻居。孔子告诉学生:"弟子入则孝,出则弟(悌),谨而信,泛爱众而亲仁。"父母在身边就要孝顺父母,出门在外就要尊敬兄长,说话做事要谨慎并讲信用,待人友好,特别要亲近仁德之人。可见,一个家庭,如果做到"孝悌"二字,就容易稳定团结。

当然,"孝悌"的作用对社会、国家的稳定也不可忽视。对此,孔子的学生有若说:"其为人也孝弟(悌),而好犯上者鲜矣;不好犯上而好作乱者,未之有也。君子务本,本立而道生;孝悌也者,其为人之本与?"为人孝顺父母,尊敬兄长,然而却喜欢冒犯上级的情况是很少见的；不喜欢冒犯上级而喜欢作乱的人，是不存在的。君子重视根本，根本确立了，道义就会产生。孝顺父母，尊敬兄长，这就是仁爱的根本。

常言道，滴水之恩，当涌泉相报。宋朝林逋在《省心录》中说："孝子亲则子孝，钦于人则众钦。"你对父母孝顺，你的子女对你也孝顺；你敬重别人，别人也敬重你。孝敬父母的养育大恩，是任何人都必须尽到的义务，是人之为人的一个基本要求和重要标志，也是社会主义核心价值观的应有之义。共产党员理应倾力相报，岂能推脱？

（三）家风传承孝延美德

孔子说："父在，观其志；父没，观其行；三年无改于父之道，可谓孝矣。"父母健在，要了解父母的志向；父母逝世，要践行并继续父母的事业，起码三年没有改变，这就是孝。作为后代，理应秉承父母之志，传承父母美德。

晚清年间，丁老太出生在中医世家。爷爷丁恕行医术高超，从13岁开始就在佛堂古镇一家中药店当学徒。他勤奋好学，一有空余时间，便虚心地向师傅学习开处方、配药的技能。清朝咸丰十一年（1861年），太平军占领义乌。店主举家外逃，临行前将店铺交给丁恕行打理，店中财物也全部交由他保管。丁恕行自幼受父亲"为人必须忠义仁爱"的教育，店主不在时，他也竭尽全力经营好店铺。

三年后，太平军败退，店主回到药店，发现不但店中财物丝毫无损，而且丁恕行竟然还能在紧要关头坐堂看病了，并受到乡民们的一致好评。见店主回来，丁恕行将药店原封不动地还给店主。店主大受感动，于是慷慨资助丁恕行开设中药店，取名为丁新南山药店。后来，丁家在古镇上分别开了保庆堂、吉庆堂两家药店。

丁恕行膝下育有四子一女，丁老太的父亲丁可为，排行老三。受父亲的影响，丁可为从小与中药打交道，成年后子承父业,也成了一名中医,开设一家名叫丁新德堂的药铺。丁可为忠厚老实、乐善好施,时常为经济困难的村民、邻里免费看病。每次见到贫苦的村民前去看病,他总是笑脸相迎,绝不提收钱之事,还垫上药材成本。有的病人家住偏远深山,有的病人因腿脚不便或者情况特殊等无法远行,丁可为都会不辞辛劳地跋山涉水上门问诊。因为怀有一颗仁爱善心,丁家的医德赢得了村民们的交口称赞,在当地享誉一方。

"积善之家,必有余庆;积不善之家,必有余殃。"传承好的家风是整个家庭幸福美满、万事兴旺、社会稳定和谐发展的重要组成部分。良好的家风是祖祖辈辈、子子孙孙一代又一代人传承下来的道德风貌和审美风范。家庭是人生的第一个课堂,"小小"家风,作用巨大,言传身教、树立良好家风是党员干部应当承担的责任和义务。

(四) 劝谏父过孝在心间

《孝经》云:"父有争子,则身不陷于不义。"《纂图互注礼记》有云:"父母有过,下气、怡色、柔声以谏;谏若不入,起敬、起孝,悦则复谏。"如果父母有过错,就应该轻声地、和颜悦色地、温和地进行规劝;如果规劝不听,就应更加尊敬更加尽孝道,和颜悦色地再次劝阻。由此可见,对父母的不义和违法行为要进行劝止。不能因为尽孝道,就事事顺从父母的心意,正确的方面要听从,错的方面要规劝父母改正,这才是"孝道"真正内涵。

战国大将匡章,为一件小事与父亲争执不已,背上一个"不孝"的坏名声。对此,齐国上下都说匡章不孝顺父母。孟子得知匡章与父亲争执的原委后,反而与匡章交往密切,并说匡章是个天下大贤。齐人公子不理解,便去问孟子。孟子说:"现在匡章只不过是因为父亲做错事,他善言相责,而不被父亲接受罢了,哪里有什么不孝?若放任父亲做错事,这才是不孝啊。"

匡章劝父，孔子也持赞成的态度，说："事父母，几谏，见志不从，又敬不违，劳而不怨。"侍奉父母要轻柔和顺地进行规劝，即使规劝不成功，也是对父母的尊敬并且不违背孝道，虽然辛劳也无怨无悔。常言道："子不教，父之过。"同样的道理："父有过，子不谏，谓不孝！"

二、养育之恩孝心回报

古人曰："为人生在天地之间，有四恩：感天地盖载之恩，日月照临之恩，国王水土之恩，父母养育之恩。"每个人生下来，均不能免于父母之怀。血缘关系和父母的养育，都使这种感恩之情更加真诚、自然、强烈。孩子对父母的感情是对哺育自己生命的人的感情，是人的本性，也是良知的表现。感恩是人之常情，是应有的基本道德准则，也是孝的基本要求。对党员干部而言，更应常怀平和之情、感恩之心、回报之义，不可"端起大碗吃肉，放下筷子骂娘"。

（一）父母之恩涌泉相报

常言道：父恩如山、母恩如海！父亲给了我们启示，给了我们教训，给了我们受益终身的爱，而这种爱是父亲一生的付出。母亲是人间第一亲，母爱是人间第一情。"十月胎恩重，三生报母轻。"母爱，是人世间最无私、最宽容、最伟大的爱！母亲的痛苦与幸福，莫过于"十月怀胎，一朝分娩"；父亲的痛苦与幸福，莫过于孩儿的成长，后继有人。子女，是父母心头肉，亦是父母爱巢中飞出的小鸟。羊有"跪乳之情"，何况为人之子女乎？

《诗经·小雅》中有一首想念父母的诗，叫《蓼莪》，其中唱道："父兮生我，母兮鞠我。拊我畜我，长我育我。顾我复我，出入腹我。欲报之德，昊天罔极。"爹呀是你生下我，娘呀是你喂养我。抚摸我啊爱护我，养我长大教育我，照顾我啊挂念我，出门进门抱着我。如今想报爹娘恩，谁料老天降祸难！

其诗沉痛悲怆,凄恻动人,思亲情怀溢于言表。清朝的方玉润称之为"千古孝思绝作"。

感谢母亲赐予我生命,感谢父母哺育我灵魂。这种爱是我们心灵深处一泓不遏的清泉,这份由脐带牵连并纠葛在一起的感情,一直默默流淌在父母子女之间,剪不烂,扯不断。做子女的理当"有生一日,皆报恩时;有生一日,皆伴亲时"。

(二)父母之难子女分忧

花木兰以女儿之身代父从军。"阿爷无大儿,木兰无长兄,愿为市鞍马,从此替爷征。"在中国传统文化中,为尽孝,人们愿替父母赴汤蹈火,在所不惜。

西汉时,山东有个叫淳于缇萦的小姑娘,其父淳于意擅长医术。有一次,给商人之妻治病,不治身亡,商人却诬告他。官府判他"肉刑",要到长安受刑。离开家时,淳于意长叹说:"生女不如男,急难时,却没有一个有用的。"缇萦又悲又气,决心陪父赴长安。缇萦到了长安,历尽艰辛,将奏章呈给汉文帝,文帝很是重视。奏章上写着:"我叫缇萦,是太仓令淳于意的小女。吾父被判处肉刑。我不但为父难过,也为所有受肉刑的人伤心。人砍去脚就成了残废;割了鼻子,不能再安上,就是想改过自新,也没有办法了。我愿给官府为奴,替父赎罪,让他有改过自新的机会。"文帝感其孝诚,免其父刑。

缇萦上书救父的孝行,万古流芳,成为后世孝道的典范。十月怀胎多艰辛,养育成人多劳苦,父母为我们付出了太多太多,为他们分忧解难是我们的责任。养育深恩,春晖朝霭。报之何时?精禽大海。

(三)父母心愿儿应满足

子路,春秋末鲁国人,在孔子的弟子中以政事著称,尤其以勇敢闻名。子路小的时候,家里很穷,长年靠吃粗粮野菜等度日。有一次,年老的父母想吃米饭,可是家里一点米也没有,怎么办？子路想，要是翻过几道山，到亲戚家借点米，不就可以满足父母的要求了吗？于是，小小的子路翻山越岭，走了十几里路，从亲戚家背回了一小袋米。看到父母吃上了香喷喷的米饭，子路忘记了疲劳。邻居们都夸子路，是一个勇敢孝顺的好孩子。

《弟子规》中说："父母呼，应勿缓；父母命，行勿懒。"父母呼唤，要赶快答应；父母有命令，应赶快去做。为父母排忧解难，满足他们的合理要求是每一个子女的责任。在物质生活比较丰富的今天，让父母吃到米饭，算不了什么。但子路这颗孝敬父母的心，是难能可贵的。孟子认为，孝敬父母经常可以代替最高贵的感情。"子路负米"留给后人的是一盏千古不灭的"孝灯"，照亮我们每一个党员干部的尽孝之路。孝敬父母吧，让"孝灯"永不熄灭！

（四）父母有疾儿必照顾

《礼记·曲礼上》有云："父母有疾，冠者不栉，行不详，言不惰，琴瑟不御，食肉不至变味，饮酒不至变貌。笑不至舞，怒不至詈，疾止复故。"父母生病，做子女的就会忧心忡忡，食不甘味，睡不着觉，做一切事情都不是滋味！还要到处寻医问药，寻求治疗父母疾病的良方。

郯子，春秋时期郯国国君。他的父母年老患眼疾，郯子听说鹿乳可以治好双亲的眼疾，便披着鹿皮，去深山混入鹿群之中，想取鹿乳为父母治病。猎人误认其为鹿，正要射他，他赶紧大叫，并将实情相告，猎人敬其孝心，以鹿乳相赠，并护送郯子出山。

后人有诗云："亲老思鹿乳，身穿褐毛衣。若不高声语，山中带箭归。"言教不能令人折服，唯有身教能摄于无形。身为国君的郯子取鹿乳奉亲，这份孝心却足以感天动地。如今，有少数年轻人，在他们的父母健康时，常做"啃老族"；在父母年老体弱生病时，就做"弃老族"。请看看郯子，再想想自己吧，是否感到惭愧？

三、孝敬父母重在行动

真情有泪，孝心无疆。孝心的真谛是爱，孝心的本质是爱。要让孝心永存，让孝心常在，让孝心无价，就必须将孝心化作儿女的行动。"亲所好，力为具；亲所恶，谨为去。"(《弟子规》)父母喜好的东西，子女要尽力为他们准备；父母厌恶的东西，要谨慎地为他们去掉。在物质、精神等各个方面，给父母以无微不至的关怀与照顾。时下，很多人往往走入一个误区：先奋发努力地工作，当成就一番事业时，当工作不忙之时，当儿女成人之后，再给父母更多的物质条件，再多陪陪父母，再让老人颐养天年。然而，也许父母已在不知不觉间走向生命终点，往往没有时间享受儿女的孝心了。

(一) 尽心尽力老有所养

《盐铁论·孝养》上说："善养者，不必刍豢也；善供服者，不必锦绣也。以己之所有，尽事其亲，孝之至也。故匹夫勤劳，犹足以顺礼，歠菽饮水，足以致其敬。"这是古代赡养老人的衣食标准。古人认为，善于给养老人的子女，不必给老人吃太多的肉类食品；善于给养老人的子女，不必给老人穿锦绣绸缎等华丽衣服。只要尽自己的力量来侍奉双亲，就已经是尽孝了。只要勤劳足够顺承礼仪，有豆类食物，有水喝，就足以体现对老人的孝敬了。

《盐铁论·孝养》上又说："八十曰耋，七十曰耄。耄食非肉不饱，衣非帛不暖。故孝子曰：甘毳以养口，轻暖以养体。曾子养曾晳，必有酒肉，无端免，虽公西赤不能以为容。无肴膳，闵、曾不能以卒养。"上了年纪的人，饮食要适合年龄特点，衣着要暖和就够了。年轻人能使父母做到这一点，也算是孝敬父母。

贺敬之曾写道："羊羔羔吃奶眼望着妈，小米饭养活我长大。"小时候,父母养育孩子,"口不吃,舌不吞"。我们在照顾年老父母时,只要竭尽所能、无愧于心,就算尽孝了。

(二) 栖身有屋老有所安

有居则安,安必有居,是人的基本生存需求,年暮之老人,更是不可缺少。《礼记·曲礼上》:"凡为人子之礼,冬温而夏清,昏定而晨省,在丑夷不争。"康熙皇帝一向重视"仁孝",就把"晨昏定省"作为一项基本的孝道制度来要求。

曾参,春秋时期鲁国人,孔子的学生,因非常孝敬父母而成为后世普遍赞美和效仿的典范。他既大力宣扬孝道,又身体力行,在日常生活的言语行为中,非常谨慎,尽其所能为父母改善居住条件,唯恐自己表现不好而使父母蒙羞,有辱父母养育之恩。西汉陆贾在《新语·慎微》中说:"曾子孝于父母,昏定晨省,调寒温,适轻重,勉之于糜粥之间,行之于衽席之上。"孝敬父母,要照顾好老人起居,让老人栖身有屋,居有定所,既能通风又能采光,照料父母真是无微不至。

苏霍姆林斯基说:"母亲的安宁和幸福,取决于她的孩子们。母亲的幸福要靠孩子、少年儿童去创造。"孝不分贫贱,不分富贵。只要你有心,每一个人都可以恪尽职责,都可以尽到孝道。让老人居有定所,有栖身之地,这是孝敬老人最基本的要求。老有所养,居有定所,是新时代社会建设的重要任务之一,也是构建和谐家庭、文明家庭的重要内容,更是我们当代党员干部践行孝道的具体体现。那种嫌弃老人、扫地出门的人,必将受世人唾弃!

(三) 小事做起老有所依

清朝时,长江口外的崇明岛上,有吴氏四兄弟,小时家贫,父母不得已把他们卖给富家为童仆,以求一条生路。他们长大后,个个勤奋节俭,赎出卖身契,回到家乡,合力盖起房舍并各娶妻成家。这时,他们已理解当日父母之苦心,争相供养父母,以示不忘养育之恩。开始,决定每家供养一月;后来,贤惠孝顺的妯娌们认为,隔三个月才能轮到供养,时间太长了,就改为每家供养一日;以后,又改为自老大起每人供养一餐,依次排下。每隔五天,全家四房老少合聚一起,共烹佳肴,奉养父母。席上子孙、儿媳争相端菜敬酒,百般孝顺,真是阖家欢乐。二位老人安享天年,福寿近百岁,无疾而终。

《礼记》有云:"孝有三,大尊尊亲,其次弗辱,其下能养。"衡量孝的标准有三:要尊敬长辈,不使长辈受侮辱,能得到子女赡养。孟子说:"不得乎亲,不可以为人;不顺乎亲,不可以为子。""大孝终身慕父母。唯孝顺父母,可以解忧。"常言道,谁不知天地父母之伟大。可是,如今辱骂父母者有之,遗弃父母者有之,殴打父母者有之。此三者,可谓"禽兽不如"。试想,有朝一日,我们被自己的孩子唾之、殴之、弃之,那又当作何感想呢?孝敬父母要从小事做起,从自我做起,生活点滴中蕴藏着拳拳孝心。

(四) 精神慰藉老有所乐

尽力满足父母的喜好,让他们老有所乐,就是对父母的精神慰藉。德国哲学家康德曾说:"老年,好比夜莺,应有他的夜曲。"

孔子非常重视老人的精神慰藉问题。他说:"今之孝者,是谓能养。至于犬马,皆能有养。不敬,何以别乎?"孔子认为,要以"礼"侍奉父母。如果不以礼侍奉,只注重物质供养,那么赡养父母与饲养狗马没有不同。孔子的看法是很深刻的,强调精神慰藉比物质赡养更重要。古有老来"戏彩怡亲"之说,今人看来似乎不合常理,但从精神慰藉来看,却有一定的借鉴意义。

孔子主张精神怡亲,见解深刻。歌曲《常回家看看》之所以传唱神州,原因就在于它表现的孝道在广大听众中引起了强烈共鸣。常回家看看,就是对父母的精神慰藉。在外工作的党员同志们,常回家看看父母吧,孤独的老人渴望与你们交流,渴望分享你们的成功和喜悦,渴望倾听你们的苦恼和困惑。

四、坚守友悌兄弟和睦

"一回相见一回老,能得几时为弟兄。"在传统文化中,尊敬兄长叫"悌",关心弟弟叫"友","友悌"体现了兄弟间长幼有序、以长为尊、相互关爱的骨肉之情。孝悌的存在,诞生了由"家庭"到"家族"这一有中国特色的社会结构,并成为古代社会极为重要的一种社会组织。时代进步了,友悌的具体内涵也随之变化,但尊敬哥哥、爱护弟弟,作为友悌的根本没有改变。

(一) 长兄如父待弟以友

《幼学琼林·兄弟》中说:"天下无不是的父母,世间最难得者兄弟。"兄弟同根生,因后天习染不同,成名有先后,得失有千秋。因此,先进者有责任、有义务扶助落后者。

汉朝时候的许武,父亲早死,剩下两个年幼的弟弟,一个叫许晏,一个叫许普。许武在耕田的时候,叫两个弟弟立在旁边看着,晚上许武自己教他两个弟弟读书。如若弟弟不听他的教训,他就自己去跪在家庙里告罪。后来,许武举了孝廉,两个弟弟都还没有名望。他把家产分做了三份,自己取了最好的田地和房屋,而把不好的田地和房子统统给弟弟。当时,社会上的人,都称许他的两个弟弟,反而看轻许武。等到两个弟弟都中选出名,他就召集了宗族和亲戚们,哭着说明当时这么做,是为了给弟弟扬名声,然后把自己所有的家产让给了两个弟弟。

《增广贤文》曰:"小时是兄弟,长大各乡里。"但许武教育弟弟,可谓煞费苦心,皇天不负有心人,许武的两个弟弟均成器名。今天,我们的党员干部也应满怀手足之情,甘做人梯,大力鼓励、积极引导、鼎力支持兄弟及其亲人子女追求进步,成为国家社会的有用之人。

(二) 谨遵悌训尊敬兄长

南北朝时,齐朝刘进为人方正刚直。有天半夜,他的哥哥在隔壁房间叫他的名字,但刘进并没有进去答应。等到下了床,穿好了衣服,到了哥哥床面前立正了以后,才答应哥哥。哥哥很责怪他,怎么答应得这么迟。刘进从从容容地对哥哥说,我身上的带子还没有束好,深恐礼貌不周,得罪了兄长,所以不敢随随便便答应。刘进如此敬重哥哥,后来做了一代有名的臣子。这就是《刘进束带》的故事。

清朝李毓秀在《弟子规》中告诫:"首孝悌,次谨信。"首先要孝顺父母,尊敬兄长,其次要言语谨慎,遵守信用。人们常说:一滴水可以反射出太阳的光辉;一件小事足以窥见人们的灵魂。细节之处见精神,我们每个党员干部要从细节小事做起,持之以恒,把对兄的敬、对弟的爱体现在日常行动中。

(三) 同胞手足同生共死

传统文化认为,至亲者莫若骨肉。手足之情,既长且久。当兄弟姐妹还健在之时,更要珍爱,相互勉励扶持,为了兄弟甚至可以不惜牺牲生命。

据《严氏家训·兄弟》记载,王玄绍有两弟,一个叫秀英,另一个叫字敏。兄弟三人性格温和,知书识礼,相互友爱。得食,三人一起共享。一家其乐融融,为邻人称道。有一天,强盗们来抓人,看到王玄绍体格健壮,身体魁梧,要将他带走。王秀英和王字敏见大哥被抓,一起跑上前抱住大哥,恳请强盗放下大哥,并争着要代替哥哥去死,友悌之情感天动地。

友悌是道德的基础和起点之一,兄友弟恭,则兄弟怡情,和悦相亲,也是新时代中国特色社会主义核心价值观的应有之义。共产党员之间虽无骨肉之亲、手足之情,但在共同理想下和为人民服务的伟大事业中所结下的情谊,却胜似兄弟。革命小说《在烈火中永生》中写道:"一对同生共死的战友,肩并着肩；火热的手，紧紧地握在一起。"在新的历史时期，我们要继续发扬同志加兄弟的优良传统，为着共同的理想，而心连心、肩并肩、共奋斗。

（四）兄弟情深岂能相煎

"独在异乡为异客，每逢佳节倍思亲。遥知兄弟登高处，遍插茱萸少一人。"唐朝诗人王维登高远望，思念兄弟，手足之情溢于言表。花木兰从军归来："爷娘闻女来，出郭相扶将；阿姊闻妹来，当户理红妆；小弟闻姊来，磨刀霍霍向猪羊。"喜悦之情，难以言表。

可三国时的曹氏兄弟，相煎太急，真是亲者痛，仇者快！兄弟相争，哥哥曹丕获胜，终承王位。曹丕一直想消除弟弟曹植的威胁，欲以阴谋反叛之罪杀曹植，又害怕不能服众，便想出个"七步成诗"的办法，以治其罪。所幸的是，出口成诗是曹植的拿手好戏，"七步诗"便成了救命诗："煮豆燃豆萁，豆在釜中泣。本是同根生，相煎何太急。"这首诗，是曹植对曹丕残酷杀戮骨肉兄弟的血泪控诉。曹丕不得不收回成命，以降低曹植的官爵了事。

七步诗，是兄弟残杀的痛心诗，本为同根，相煎何忍！古人说："兄弟和，家不分。兄弟不和，邻里欺。"兄弟相煎，永远是父母的心头之痛，父母岂能宽心，何谈孝心！小到一个家庭，大到一个政党，道理是相通的。加强党的自身建设，就要发扬党内民主，按照团结—批评—团结的方式，运用批评与自我批评的武器，"惩前毖后、治病救人"，才能永葆党的生机与活力。

五、亲人已逝孝心不已

父母之恩，终身难报；思念之情，让人断肠。"青山悲吟声声泪，声声呼严父；碧水苦诉字字血，字字哭慈母。"有诗人说："母亲是伞，我们是伞下的孩子；母亲是豆荚，我们是荚里的豆子。"长大了,母子天各一方,明月悬空之夜,"仍怜故乡水,万里送行舟";阳春三月,"柳条折尺花飞尽,借问行人归不归?"无论咫尺天涯,白天月夜,春夏秋冬,思念如河澈之鱼,总是游向思念的地方。

(一) 老有所终落叶归根

《荀子·礼论》云:"故丧礼者,无它焉,明生死之义,送以哀敬而终周藏也。故葬埋,敬藏其形也。"丧礼,是让人明白生与死的含义,是向死去的人表达尊敬,也是对老人一生的总结。

汉朝时,湖北有一个出名的孝子董永,家里非常贫困。父亲去世后,董永无钱办丧事,只好以身作价向财主贷款,买棺材埋葬父亲。丧事办完后,董永便去财主家做工还债。这就是"借钱葬父"的故事。董永借钱葬父,让父亲老有所葬的美德,受到后人赞美:"葬父贷孔兄,孝感动苍穹。"

"生则喜,死则忧。"让每一个人生有所养,老有所葬,是人道主义的基本要求。重生养,轻死葬,是古人留下的优良传统。

孔子认为,丧近乎哀,能够表达哀悼父母的心意就可以了。今天的共产党员体现对逝者的哀思,就是要做唯物论和弘扬优良传统的典范,带头移风易俗、文明丧葬、节俭办丧。

(二) 事生尽力事死尽思

袁采曾经说:"孝子事亲,不可使其亲有冷淡心,烦恼心,惊怖心,愁闷心,难言心,愧恨心。"从嗷嗷待哺到长大成人,孩子一直受到爱的沐浴。法国作家莫泊桑说:"我们在不知不觉地爱自己的父母,因为这种爱像人活着一样自然,只有到了最后分别的时刻,才能看到这种感情的根,扎得多深。"

宋朝浙江瑞安府永嘉县,有个姓陈名侃字君和的人,因事亲至孝,名遍四方。他侍奉双亲,温顺孝敬,从来不让父母心

第二章　中华传统优秀美德之忠孝

中有忧虑之念。偶遇父母有病,则衣不解带,日夜陪床服侍,亲自做汤熬药。二老逝去后,陈侃悲痛欲绝,真正做到了"事生尽力,事死尽思"的圣人垂训。

他的孝行被整个家族引为典范,后代子孙人人效法,尊老爱幼,兄弟团结,夫妇和睦,妯娌相亲。以后,陈氏家族五代同堂传为佳话。宋皇树坊旌表,赐额曰:"孝门陈君",百姓则称其为"陈孝门"。后人有诗赞曰:"至孝事亲世颂扬,子孙代代仰遗芳。同居五世人崇敬,感动枫宸诏表彰。"

讲究"孝道",不只是中华民族的传统美德,也是世界人类精神文明和道德规范的重要组成部分。尊敬长辈,赡养老人,不仅是报答养育深恩,更是义不容辞的社会责任。诚然,知恩报恩,孝敬长辈,是当今社会的主流。但也有不赡养老人甚至虐待老人的事例,常在媒体上曝光,受到社会舆论的谴责。试想,如果一个人连对自己的老人都不能尽其孝道,还怎么会全心全意为人民服务呢?

(三) 父母恩德大如南山

"百善之德始于孝。"在家做孝子,为国当栋梁。《诗经·小雅·蓼莪》一文,悼念父母恩德,抒发失去父母的孤苦和未能终养父母的遗憾,沉痛悲怆,凄恻动人,清人方玉润称为"千古孝思绝作"。

蓼蓼者莪,匪莪伊蒿。哀哀父母,生我劬劳。蓼蓼者莪,匪莪伊蔚。哀哀父母,生我劳瘁。

瓶之罄矣,维罍之耻。鲜民之生,不如死之久矣。无父何怙?无母何恃?出则衔恤,入则靡至。

父兮生我,母兮鞠我。抚我畜我,长我育我。顾我复我,出入腹我。欲报之德,昊天罔极。南山烈烈,飘风发发。民莫不穀,我独何害!南山律律,飘风弗弗。民莫不穀,我独不卒!

《蓼莪》一诗,忠臣遭困不得养其父母,作此以自哀。父母之恩何可言尽,每读此篇,心如刀绞。此诗为千秋绝调,不可轻忽。朱熹说："言昔谓之莪，而今非莪也，特蒿而已。以比父母生我以为美材，可赖以终其身，而今乃不得其养以死。于是乃言父母生我之劬劳而重自哀伤也。"这种由衷的孝心，绝不仅是某个人所独有，而是千千万万中华儿女的共同情感。这种情感不因父母的平凡而改变，也不因自己的伟大而改变，这就是孝！

（四）清明时节寄托哀思

唐代诗人杜牧唱道："清明时节雨纷纷，路上行人欲断魂。借问酒家何处有？牧童遥指杏花村。"这首《清明》诗流传千古，家喻户晓，原因何在？正是那生生不息的孝心打动了我们，对已逝长辈的怀念，就像清明时节的纷纷细雨一样恒久绵长。

清明，总是一片湿雨。抑或风狂雨恣，抑或和风细雨。烟雨弥漫的山野中，行行重行行的扫墓人，顶风冒雨者点缀寂寥；或三五成群，扶老携幼，或一两个孤影，姗姗独行。远山隐云雾，近树笼孤烟，小桥与流水，愁鸦亦悲啼；雨洗清秋，风吹哀愁。唯见烟雨遍苍茫，不见人家与炊烟，好一个伤感寂寥的行旅！

抬望眼，百坟拱起，千碑林立；烟雨蒙蒙，青草何离离。风飘飘，雨潇潇。哀思悠悠，悲情渺渺，莫道不销魂？拔净乱草，摆几杯冷酒，烧一把纸钱，风雨愁煞人，抓土带愁，杂草含烟，竟无言以对。唯有心底幽幽哀愁！

清明前后，栽瓜点豆。瓜和豆醒了，万物也复苏了，开始了它们新一轮的生命旅程。让我们带着一颗虔诚的心，来到父母先辈的坟头，寄托我们的哀思吧。清明祭奠父母先辈，使之清使之明；清明期盼儿孙后辈，为人清为人明。党员同志们，清明时节不忘先烈，不忘祖宗；大孝祭先烈，小孝祭父母。让我们从自己做起，从现在做起，让孝满人间！

第三章　中华传统优秀美德之仁义礼智信

第一节　中华传统优秀美德之仁

仁是构成中华传统文化主干的儒家思想的重要范畴，是中国古代竭力主张和推行的一种伦理原则和道德精神。《汉书·艺文志》说儒家是"游文于六经之中，留意于仁义之际"。"仁、义、礼、智、信、孝、悌、忠、廉、耻"作为中国古人的伦理纲常长期被中国人所信奉和遵循。社会主义核心价值观的培育和践行离不开对中华传统文化的继承，也离不开对包括仁、义、礼、智、信"五常"及孝、悌、忠、廉、耻在内的儒家思想文化的汲取。

一、释仁

要给"仁"下一个确切的统一的定义，是一件困难的事情，原因有多种。"仁"字古义有多种，此其一；将"仁"作为自己思想的重要范畴的孔子在其著作《论语》中百余次提到它，但并没有一处给"仁"下过完整的定义，此其二；孔子之后，"仁"成为儒家思想的全体大德，各时期的儒家都不断地丰富"仁"的内涵，此其三。尽管如此，我们还是应该尽力抓住"仁"的本质内涵，呈现"仁"的主要原则，反映"仁"的重要精神。

由东汉许慎编著的中国第一部字典《说文解字》对"仁"作了以下的解释："仁，亲也。从人，从二。忎，古文仁从千、心，尸，古文仁或从尸。"而出现在郭店楚简中的"仁"字，又被写成"忈"，从身从心。综合上述所论，我们似乎可以得出以下几个重要信息。第一，"仁"的本义是要揭示和强调对"对象"的一种温和慈爱的亲近、亲密、亲切、亲热、亲善的道理和情感。这可从"仁，亲也""忈，古文从千、心"两处得到证明。第二，"仁"是用来处理"关系"的道理。这又具体表现在以下几重关系之中。其一，人与人的关系；其二，人与神以及自然的关系；其三，身与心的关系。这可从"从人从二""从尸从二""从身从心"三处得到证明。也就是说，"从人从二"表示的是人与人的关系；"从尸从二"表示的是人与神、人与自然的关系；"从身从心"表示的是身与心的关系。这里需要对"尸"之"尸"作些解释。"尸"之古字是人躬身肃立之象形，指古代祭祀时代表天子王侯等尊贵死者受祭的活人，这种祭祀所要表达的是阴阳的相通，天人的合一，人神的感应，从而表征人类欲与神灵以及天地自然相互交流和观照的一种精神。

我们之所以从"仁"的本义和古义当中通俗地归纳出人与几重对象的关系，目的是让人懂得，其实"仁"所要表示的不仅仅是某一种关系，而是包括了多重关系。如此，可从理论上解决和超越如下偏差：或对"仁"只是做出人与人关系的定位，或对"仁"只是做出纯粹先天自然的定位。

二、儒家诸子对仁的定义

（一）孔子释仁

应该承认，儒家的创始人孔子是将"仁"视为建立人与人相互亲爱关系的伦理原则的。它是反映了"从人从二"的仁的定义。对此，清人段玉裁名言："'相人耦'犹言尔我亲密之词，独则无耦，耦则相亲，故其字从人二。"孔子是通过两句名言表现出他主张的"仁"是关于人与人关系的道理的。第一句是："樊迟问仁，子曰：爱人。"（《论语·颜渊》）第二句是："夫仁者，已欲立而立人，已欲达而达人。"（《论语·雍也》）"爱人"就是爱他人。"己人"就是自己与他人。由此可见，孔子是将人与人的相互关系定性为"爱"的关系。如此，也就着重在人与人关系上体现了"仁，亲也"的仁之本义及通义。

（二）孟子释仁

孟子赋予"仁"的内涵就有所发展和丰富了。主要表现在两个方面。一是突出"仁"是人之为人的道德心理和情感基础，也就是说，仁是人之为人的本质规定。孟子说："仁，人心也。"（《孟子·告子上》）"仁也者，人也。"（《孟子·尽心下》）这是在揭示仁爱是人的本心，是人人皆有的良善本性，从而构成人的本质。此处是体现了"忎，古文仁从千、心"的仁之古义。二是突出"仁"是天的德行以及是赐给人的最尊贵的本质。孟子说："夫仁，天之尊爵也，人之安宅也。"（《孟子·公孙丑上》）这句话的意思是说，仁是天最尊贵的爵位，是人最安逸的住宅。又说："有天爵者，有人爵者。仁义忠信，乐善不倦，此天爵也；公卿大夫，此人爵也。"（《孟子·告子上》）这句话的意思是说，有自然爵位，有社会爵位。仁义忠信，不知疲倦地好善，这是自然爵位；公卿大夫，这是社会爵位。此处深含有"㠯，古文仁或从尸从二"的仁之古义。孟子又以"亲亲而仁民，仁民而爱物"（《孟子·尽心上》）的思想较全面地展现出"仁"的多重关系性。

（三）董仲舒释仁

西汉大儒董仲舒将"仁"定义为"天心"。他说："仁，天心。"《春秋繁露·俞序》这是将仁爱视为天的本质属性。这里要引起特别注意的是，董仲舒的这一视天地自然本身具有德行的思想代表着中华传统文化一个非常重要的特色。中华传统文化还认为，天地自然还会将仁爱等德行赋予人，从而使人天生秉承着这些德行。"天命之谓性"（《中庸》语），"盖仁也者，天地所以生物之心，而人物之所得以为心者也"（朱熹《晦庵集》卷77），向人们昭示的都是这个道理。

（四）韩愈等释仁

唐代的韩愈将"仁"定义为"博爱"。他说："博爱之谓仁。"（《原道》）所谓博爱即主张对一切对象的"一视同仁"。至此，"仁"显然具有了强调亲爱人类、亲爱自然这一人与人、人与自然和谐相处之道的深厚意味。而将"仁"的所有"关系"发展到最高阶段的当推宋明理学。人与人的关系、人与自然的关系、身与心的关系又在张载的"民，吾同胞；物，吾与也"（《张载集·西铭篇》），程颢的"仁者浑然与物同体"（《识仁篇》），王阳明的"大人者，以天地万物为一体者也"（《大学问》）等的命题而得到完整体现。

三、仁德的具体表现

我们可以将仁德理解为仁道，而此道又由多道所组成，可概括出"五道"：孝道，忠道，恕道，惠道，天道。孝道属于孟子所说的"亲亲"的范围，忠道、恕道、惠道属于孟子所说的"仁民"的范围，天道属于孟子所说的"爱物"的范围。"亲亲而仁民，仁民而爱物"（《孟子·尽心上》），此之谓也。

（一）仁是孝道

《汉书·艺文志》在谈到儒家时说它是"祖述尧舜，宪章文武，宗师仲尼"的，也就是说，儒家是远宗尧舜的道统，近守周文王、武王的礼法，尊崇孔子为师表的，而在孟子看来"尧舜之道，孝弟而已矣"（《孟子·告子下》）。孔子和孟子都是以继承尧舜之道为己任的。所以，孔子明确指出"孝悌"是作为"仁"之根本而存在的，同时也是作为"仁"之终的而存在的。"孝弟也者，其为仁之本与"（《论语·学而》），"弟子入则孝，出则弟，谨而信，泛爱众，而亲仁。行有余力，则以学文"（同上）。孟子更直接地指出："仁之实，事亲是也"，"亲亲，仁也"（《孟子·离娄上》）。也就是说，仁的实质在于善事父母双亲，即亲爱父母双亲就是仁。值得指出的是，在儒家看来，只有实现了"泛爱众"，才能达到"天下为公"的目标。那么，实现这一目标的途径和方法是什么呢？换句话说，实现"天下为公"的博爱，其人性论的根据和基础在哪里呢？儒家找到了"孝悌"。尧舜、孔孟均是如此。通俗地说，儒家从人性论的根本之处论述"孝悌"的目的乃是"天下为公""天下归仁焉"的博爱。由此可见，孝道与仁道以及天下为公之间存在着内在的关联性。

（二）仁是忠道

《论语》云，子曰："参乎！吾道一以贯之。"曾子曰："唯。"子出，门人问曰："何谓也？"曾子曰："夫子之道，忠恕而已矣。"（《论语·里仁》）孔子说，曾参（即曾子）呀！有一个基本观念一直贯穿着我的所有学说思想的始终。曾子说"是的"。孔子走出去以后，别的学生便问曾子这是什么意思？曾子回答道，他老人家一以贯之的学说，只是忠和恕罢了。在这里，经过孔子弟子的口，明确交代了孔子思想中有一条一以贯之的"道"，那就是"忠恕之道"。

查遍《论语》，孔子本人并未对"忠道"有过界定，只是后来学者根据孔子所倡导的"主忠信"以及弟子曾子对"忠"的解释，再是根据后来者对"忠"的解释，然后再来寻找与此义相通的孔子的主张，并确定那就是孔子所主张的"忠道"思想。曾子有言："吾日三省吾身。为人谋而不忠乎？与朋友交而不信乎？传不习乎？"（《论语·学而》）南宋思想家朱熹释忠曰："尽己之谓忠。"可见，为别人尽心尽力地去谋划、着想，这就是忠。能符合此义的孔子之论又当推《论语·雍也》的一段话："夫仁者，己欲立而立人，己欲达而达人。能近取譬，可谓仁之方也已。"所谓的"己立立人""己达达人"正是"为人谋""尽己"的意思。所以说,"己欲立而立人,己欲达而达人"就是被认为是孔子所主张的"忠道"了。与"忠道"相比,"恕道"就没有通过所谓的转换而获指谓,孔子在《论语》中明确说到了"恕道"的内容。《颜渊篇》记载:"仲弓问仁。子曰:'出门如见大宾,使民如承大祭。己所不欲,勿施于人'。"《卫灵公篇》记载:"子贡问曰:'有一言而可以终身行之者乎?'子曰:'其恕乎!己所不欲,勿施于人'。"可见,"己所不欲,勿施于人"即为"恕道"。而我们又知道,"忠道"与"恕道"的内容又是孔子在解释什么是"仁"时给出的答案。孔子说:"夫仁者,己欲立而立人,己欲达而达人。"(《论语·雍也》)至此,"忠恕之道"与"仁道"内在的逻辑关系即厘清了。简单地说,孔子的仁道思想涵盖着忠道和恕道两方面内容。下面来具体论述忠道。

忠道是"己欲立而立人,己欲达而达人",意思是说,自己要站得住,同时也使别人站得住;自己要显达和通达,同时也使别人显达和通达。事事行得通,同时也使别人事事行得通。对于"忠道"的理解应从两个层次进入,一是指道德意义上的"立""达",二是指包括事功在内的事情意义上的"立""达"。而这具体涉及对"立""达"二字准确把握的问题。

其一,孔子所讲的"立达"首先是从道德和德行的意义上去立论的。换句话说,孔子讲的"立达"首先不是在名誉、地位、金钱等这些外在的"名利"意义上来建立的。"立"是"立于礼";"达"是"达于德"。《论语·颜渊》曾明确对所谓"达"做了精要的诠释。孔子说:"是闻也,非达也。夫达也者,质直而好义,察言而观色,虑以下人。"意思是说,个人品质正直,遇事讲道理,察言观色,善于了解别人的心意,思想上甘居人下,善于团结别人,这才是"达"的真正意思。而那些所谓在社会上取得什么地位和成就之类的当属于"闻"的范畴。一句话,忠道所谓的"立达"并非指名誉地位财货这一定位。

第三章 中华传统优秀美德之仁义礼智信

可能孔子的"修己以安人"和孟子的"老吾老以及人之老,幼吾幼以及人之幼"(《孟子·梁惠王上》)之思想最契合"忠道"的义旨。实际上这都反映出孔孟思想重德以及将重德由近及远地"推及"与"普及"。上述解释也可从《论语》其他地方得到证明。在《雍也》里孔子明确认为那种别人"发迹"("有博施于民而能济众")的事即便尧舜都无法做到,那岂止是仁的意思,那简直就是"圣"的境界呢!所以紧接着孔子才说,所谓仁就是"己立立人,己达达人"。一句话,仁的境界只是关乎"内圣"以及使更多的人"内圣"的问题而已。也就是说,"仁"不包括"外王"。总之,儒家的忠是基于对自己与他人的道德上"挺立"和"通达"所提出的德行要求,而不是首先关涉什么事功方面的问题。

其二,孔子所讲的"立达"是从事功在内的事情意义上去立论的。

应该承认的是,孔子的"立达"思想当包括了"为人谋"利益的意蕴的。也就是说"立达"不仅仅是停留在道德层面上,而是要落实到具体的事情之上的。然而,需要始终明白的是,一个人之所以能够在事功的层面上做到自己"立达"了以后会帮助他人也"立达",那一定是建立在其德行之上的。换句话说,唯有首先做到了在道德上的"己立己达",才能做到在事功上的"立人达人"。所以说,在这个层次内,忠道更多的是强调将好处、利益"给予"他人。也就是说,你自己事事行得通,同时也使别人事事行得通。通俗地说,你要立,他人也要立;你要达,他人也要达。你有好处,他人也想得到这样的好处。你有这个心,他人也有这个心。所以,在处理人与人的利益关系中,要始终做到"将心比心""设身处地""由己推人"。具体说来,忠道是告诉人们这样一个道理,我有了,我成功了,我这个有,这个成功,自己真的觉得蛮好。孔子认为,你觉得蛮好,你感受也蛮好,那怎么办呢?是否就停留在自己的感觉和享受上而全然不顾别人了呢？显然不可以。所以，己立己达之人，应该想尽一切办法把你认为好的东西推给别人，帮助别人实现。为他人着想，为他人谋划，如此，才完成了"忠道"的全部步骤。这正是朱熹所定义的"尽己之谓忠"的意义之所在，就是说，尽自己的心，尽自己的力，为他人服务，为他人谋划，替他人着想，关心他人，帮助他人。

接下来的任务就是剖析这样一个问题：我为什么帮助你实现成立和通达，即我为什么把这个好的东西给予你。答案是：因为我胸怀宽广，所以我要给予你；因为我充分地尊重你，所以我要给予你。概言之，忠道所凸显的是"给予"的精神；所要求的是"宽广"的胸怀；所反映的是"尊重"的意识。值得强调指出的是，爱的本质一定是给予，而不是相反的索取。一旦形成索取关系，爱就不存。而且这个给予一定是给别人，而不是自己。你仅自己捞，自己得，那就谈不上爱。再有爱的要求一定是胸怀宽广，而不是相反的心胸狭窄。但凡心胸狭窄的人，是不可能将好处推及给他人的。这样的人只想自己获得某种荣誉地位，而不愿其他人获得，以显示自己的特殊和独有。然后爱的意识一定是尊重，而不是轻视，甚而是漠视。我为什么要给你？我尊重你才给你。如我不尊重你，我本身都看不起你，那我怎么会将好处给予你呢？实际上我们应注意到，"忠道"这里还涉及一个"分享"理念的问题。也就是说，"忠道"强调的正是"己与人"的分享。我们常将孔子的忠道思想视为他为了实现仁爱的一种方法和途径。"能近取譬，可谓仁之方也已"，此之谓也。所谓"方法"，在儒家那里表现为由己推人的施爱罢了。

在这种分享中而获得爱的快乐，完成爱的推及。也就是说，爱往往是双方的事情，如果只是一方独享，那么就失去了爱的真正意义。儒家的"泛爱众"一定是要表达这层意义和价值的。孟子也是将能与别人一起快乐视为君子的标准之一。他说："故

第三章　中华传统优秀美德之仁义礼智信

君子莫大乎与人为善"（《孟子·公孙丑上》）。在孟子看来，君子最高的德行就是偕同别人一道行善。独善其身，只是在君子人生穷困时的表现，不足以代表君子的全部德行，特别是最高德行。由此我们也能更加深刻理解孔孟为什么在首先强调"仁者爱人"（《孟子·离娄下》）以后，紧接着就要以"忠恕"二道来加以具体规定，以及孟子那样逻辑地表达道："仁者爱人，有礼者敬人，爱人者，人恒爱之。敬人者人恒敬之"（同上）。这是一种双向性的传递之情，这也是一种交换之情。当然，值得强调指出的是，双向也好，交换也好，双赢也罢，绝对不是那种建立在利益基础之上的行为，而完全是基于真挚情感的互相感动后的"交换"与"互惠"。

在理解爱的分享意义时，也要注意处理好要求回报问题。因为一般来说，爱是讲究奉献，尤其是大爱更强调对对方不计回报式的施爱。但可能问题还不能如此表面化地理解和进入，也就是说，爱给予了以后，它一定会产生"能量"的，我们只是从这一"客观"效果来讨论"分享"的。例如，给予了别人帮助，给予了别人尊重和宽容，那么，别人在接收到你发出的"信息和能量"以后，也会"感动"起来，也会产生应有的"信息和能量"。如此，就达到了"分享"的功效和目的了。因此，在我们的日常生活中，如何学会与别人分享，遂成为获得幸福和快乐的重要意识和方法。如果我们认真对"分享"再做些深入的思考，即会发现，其实它岂不是另一种意义的"给予"呢?! 即让别人得到我自己认为是"真善美"的事情，从我方来说，是我主动地给予，从对方来说，是他被动分享了"真善美"的事情。"美美与共"，此之谓也。"各美其美"讲的是"己立己达"，"美人之美"讲的是"给予"和"尊重"，"美美与共"讲的是"分享"，"天下大同"讲的是爱的结果。

概而言之，给予、宽广、尊重、分享正是"忠道"要传达和呼唤的意思、道理、精神、情怀和意识啊！

(三) 仁是恕道

应该承认的是,有一部分人不知道忠道即"己欲立而立人,己欲达而达人",但很少有人不知道恕道即"己所不欲,勿施于人"。"己所不欲,勿施于人"的意思包括以下几点:其一,自己不喜欢的人和事,不要强加给别人;其二,自己不想要的,不要带给别人;其三,自己遭受过的罪,不要再带给别人别国;其四,自己不喜欢的人和事,不要强求别人与你一样也不喜欢。

其一,不要把自己不喜欢的,自己厌恶的东西强加给别人。这是对所谓"恕"的意思的直接表达。值得注意的是,"忠道"要求的是将好的东西给予别人,而"恕道"要求的是不要将不好的东西给予别人。"人同此心,心同此理",这个超越标准一定是体现和符合人之为人的人性与一切文明之社会发展的方向。毒品一定是不好的,当年林则徐跟当时的英国女王说,你们英国人都知道鸦片是毒品,你们自己不吃,但你们却把不愿吃的东西强加给我们中国人吃,你们这样的做法就是"己所不欲,无施于人",所以有违"己所不欲,勿施于人"的恕道精神。多年前,《人民日报》发表过一篇题为《己所不欲,施于人》的评论文章指出,美国人将自己不敢吃或不愿吃的粮食用来援助别国人民,还美其名曰人道主义援助,这是很荒唐的事情。而我国政府就以"恕道"精神来加以分析和否定美国的这种做法,指出这就叫作"己所不欲,施于人",而有违"己所不欲,勿施于人"的恕道精神,所以美国的行为不能称为人道主义。概而言之,在这个层次里的"恕道"所要强调的是自己与别人有其最大的共同点,那就是"心",所以主张只要每个人都做到了设身处地来考虑问题,以己之心推向他人,就自然不会做出首先连自己都不愿意做的事来,这就叫作"将心比心"。在此基础上,"恕道"又强调凡是正常的人,其心中所具有的道理都有着共同的感知和认知的。通俗地说,人心都是肉长的,人心都是相通的,道理都是一样的。

第三章 中华传统优秀美德之仁义礼智信

其实恕道与忠道一样,都是将他人放在考虑问题的首位的,将好处推及他人以及不将坏处推及他人,皆是以"利他"为其最后标准的。而这个"利他"则又是遵循两个基本原则:第一是对于正常人而言的,而不包括不正常的人,甚至是变态的人;第二是为了满足他人的差异性的,且是为他人所需要的欲求。如你不能拿一个吸毒者的例子来诘难恕道的不完备。吸毒者说,你不吸毒品并厌恶它,但我喜欢,你推及给我吧,我不但不恨你,而且要感谢你。为什么说不可以这样来理解恕道的,道理很简单,那就是,这个对象不正常,这个对象的行为不正当,不被社会文明所接纳。将那些自己不用的和旧的东西给他人确实能够解决和满足他人的需求,即便是一种较低层次的需求,但对那些人来说是能从中得到利益和好处的。因此,建议新买的衣物用于捐赠。

其二,自己不想要的,不要给别人。这与第一点相比较还是有些不同的,而最大的不同即表现在这个层次的恕道包含了更广阔的心理和精神方面的内容。这一内容则又通过其他论断得到申论。《论语·公冶长》说:"子贡曰:'我不欲人之加诸我也,吾亦欲无加诸人。'"意思是说,我不想别人强加于我的,我也不想强加于别人。此论与儒家另一部经典《中庸》中的一段话的意思是相近的。《中庸》说:"施诸己而不愿,亦勿施于诸人。"意思是说,我不愿意别人这样对待我,那么你也不要这样去对待别人。如我不愿意别人不尊重我,看不起我,把我当狗马来驱使,把我视为土芥和小草。现在的问题是,你自己不想受到别人这样对待,恕道就要求你,切勿不尊重别人,切莫看不起别人,不要把别人当狗马来驱使,不要把别人视为土芥和小草。再如,我自己不想被人骗,我自己不想得到那些假冒伪劣的商品,恕道就要求你,切勿去骗别人,切莫去向别人兜售那些假冒伪劣的商品。另外,《大学》里面有一句话说"所恶于上,毋以使下;所恶于下,毋以事上",也是在申论着恕道情怀。称之为"絜矩之道"。即我不喜欢处长、厅长、部长对我颐指气使,我非常讨厌处长、厅长、部长把我搞得滴溜溜转,我十分痛恨他们不尊重我的人格。"所恶于上",此之谓也。那么"恕道"和"絜矩之道"就告诉你,你就不要对你的下属颐指气使,把他们搞得滴溜溜转,你也不要不尊重他们的人格。"毋以使下",此之谓也;我不喜欢下属对我不忠,我非常讨厌下属对我阳奉阴违,我十分痛恨他们散布谣言。"所恶于下",此之谓也。那么,"恕道"和"絜矩之道"就告诉你,你就不要对你的上级不忠,对他们阳奉阴违,到处散布谣言。"毋以事上",此之谓也。

其三,自己遭受过的罪,不要将此罪再带给别人、别国。例如我们中国在近代饱受外国列强的欺侮,自己非常痛苦,而我们绝对不会将此痛苦再加在别人别国身上。这也是在"推己",恕者如心也。罗素指出:"要判断一个社会的优劣,必须不仅仅考虑这个社会内部有多少善与恶,也要看它在促使别的社会产生善与恶方面起何作用,还要看这个社会享有的善较之于他处的恶而言有多少。如此说来,中国要胜于我们英国。我们的繁盛以及我们的努力为自己攫取的大部分东西都是依靠侵略弱国而得来的,而中国的力量不至于加害他国,他们完全是依靠自己的能力来生存的。"从中我们可读出中国文化和中国人的恕道情怀。也就是说,中国人从来不会将"己所不欲"(即属于"恶"的存在)东西强加到别国头上。这样的社会就是一个本性良善的社会。而外国列强则完全不是这样,他们会将"掠夺""压榨""战争"等这些"己所不欲"即"恶"的东西"施于"他国,从而反映出他们的"劣"的一面。站在这个角度再来审视儒家的"恕道"情怀,就可以从中体味到浓浓的"中国人文情怀"。它从不"加害"他国。最通俗地理解"恕道"的主旨就是三个字——不害人。由此"忠道"也可用三个字来归纳——要利人。也就是说,正面的"忠道"是向"他

第三章 中华传统优秀美德之仁义礼智信

者"推及"善";反面的"恕道"是不向"他者"推及"恶"。概而言之,扬善止恶者,忠恕之道也。或说,忠恕之道,扬善止恶也。

孟子对"忠恕"二道也做了符合上述意思和层次的最简单的释义。孟子说:"得其心有道:所欲与之聚之,所恶勿施,尔也。民之归仁也犹水之就下,兽之走圹也"(《孟子·离娄上》)。孟子是想告诉统治者,得天下是有道的,其道就是得其民;得其民是有道的,其道就是得其心;而得其心亦有道,其道乃是:他们所希望的,替他们聚积起来;他们所厌恶的,不要加在他们头上。有了这一由忠道与恕道组成的"仁"道,那么,百姓向仁德仁政归附,正好比水向下流,兽向原野奔走一样。从孟子之论中我们可以将"忠恕"二道作最简单的解释和理解。具体说来,"忠道"就可以直接解释理解为"为人谋",最简单地说,想人民之所想,急人民之所急,全心全意为人民着想谋划做事。"恕道"就可直接解释理解为不要做人民不喜欢和厌恶的事。合而言之,做人民喜欢的事谓之忠;不做人民不喜欢的事谓之恕。

当然,"忠恕"二道有一个最大的特点即是在于它们都有一个"心",中心为人,谓之忠;如心对人,谓之恕。由此可见,二者都是要求首先从"自心"开始和出发。也就是说,先将自己的"心"放正,然后再做向外的进一步推进和拓展。儒家始终认为,从自己的感受出发最为真切,感同身受最有说服力。由己推人,由近及远,此之谓也。这也就是儒家孔孟为什么那样强调"为己"之学的真正原因之所在。只有自己"正",即"立达",才能实现和完成"为人谋""亲民"的目的。孔子的"修己以安人""修己以安百姓"正是上述思想的另一种具体而又明确的确证。"修己"即为"为己";"安人""安百姓"即为"为人谋"。值得注意的是,安人和安百姓一定是"忠道"与"恕道"及仁爱思想最终的归宿。再具体地说,如何能够使他人和百姓达到"安"呢？答案就是：为他们做他们喜欢的事和不做他们不喜欢的事，如此，就会"安"。安定、安康和安宁这"三安"均可实现。由此可见，儒家一家的思想即可完成原来需要儒道佛三家一起才能完成的事。从以上分析中我们能够进一步认识到，不唯"忠道"是强调"尽己"的，而且"恕道"也是强调"尽己"的。再者，不唯"恕道"是强调"推己"的，而且"忠道"也是强调"推己"的。也就是，按朱熹的解释，只说"忠道"是"尽己"，说"恕道"是"推己"。一句话，"忠恕"二道都要有两个步骤：第一是"修己"，第二是"安人"。

其四，自己不喜欢的人和事，不要强求别人与你一样也不喜欢。实际上这是包含在"恕道"里一个非常深刻的理念和精神。为爱所具有的许多精神都在这里得到体现，诸如尊重、自由和宽容。也就是说，当遇到你自己不喜欢，甚至非常憎恨的某些人或某些事，但你不要强求其他人跟你持有同样的立场也去不喜欢，甚至憎恨。如美国很霸道，只要是美国不喜欢的国家，他都要求其他国家与他保持一致。而我们中国常常以孔子的"己所不欲，勿施于人"的恕道思想来加以驳斥，所以，我们中国外交上始终坚持的是独立自主的路线，也就是说，绝对不是以美国的好恶为转移。由此可见，恕道所要宣扬的意识和精神正是：尊重，宽容，独立，自主。要宽容别人与你的不一样，要尊重别人正当的个性选择和追求。道理十分清楚，每个人的经历都不一样，每个国家都有着他们自己的历史和文化，并根据自己的实际来选择发展道路，去建立适合自己需要的社会制度。任何其他人、其他国家都不应该去干涉。尊重个性，尊重不同，尊重差异。而充分尊重不同、差异和个性也正是自由的本质特征。

如果要再对这个层次的"恕道"精神做进一步挖掘和剖析的话，那么，我们会认识到，包括孔子在内的整个儒家，为什

第三章 中华传统优秀美德之仁义礼智信

么在提出了"忠道"以后,还要提出"恕道"呢?过去一些研究者只是从正面与反面的意义上来说明这个原因。也就是说,认为"忠道"是主张正面的"给予",即将好东西"给予"别人;而"恕道"则是主张反面的"不给予",即不要将不好的东西"给予"别人。而一个非常现实的问题就被提出来了,那就是:你认为,哪怕是社会道德规范都认为是"好的东西",就可以不加任何条件地都让别人去接受吗?你不喜欢的言行,你可以毫无条件地要求别人也不喜欢吗?换句话说,孔子之所以要建立"恕道",其一个非常重要的原因在于,"忠道"的"给予"不一定都是好的,此其一;你认为是好的,可别人未必认为是好的,此其二;而即便是好的,当对方由于自己的环境决定了他不能或者说不愿意接受你的好,此其三。在上述几种情况下,如若你再强制地去"立人达人"的话,那势必就会使仁爱变质为怨与恨了。如何避免使这一"忠道"完全有可能变质的做法呢?孔子这才想到了"恕道"来加以克服和弥补"忠道"变质后可能所造成的危害,即走向"仁爱"的反面。换句话说,孔子之所以提出"恕道",从正面说,是为了保证和贯彻"忠道",即仁爱的始终不变的实施和流行;从反面说,是为了防止和阻止"忠道"即仁爱的变味和走样。阻止"异化"为"己所欲,施于人",即单向性地强迫地推及所谓的爱。在这里要特别引起注意的是这个"施"字。"施"就是在不尊重他人的前提下去将自己认为是正确和好的东西强加在他人身上,即让别人被动去接受他的所谓的"恩赐"。更值得注意的是,对"己所不欲"的理解,不能仅仅理解都是不好的事,实际上应当包括"好"的事。例如,不喜欢小人,不做不道德的事,这固然被视为是"好",但按照"恕道"的情怀,你也不可以将这一"好事"强迫地让别人去做到。自己"不要当小人""不做不道德的事",不要强迫别人"不要当小人""不做不道德的事"。通过这一翻译,意思就更清楚了。哪怕自己"不要"的是高尚的行为，是所谓的"好事"，但你却不可将你自己"不要"的高尚的行为和"好事"强迫别人也做到。这样的恕道才真正体现出它的宽容精神。要明白，所谓"宽容"，其表现一是宽容"错"的；二是宽容与你"不一样"的。由此可见，"宽容"其实是最大的"尊重"。尊重别人的一切选择和做法，而不去干涉他，更不希望试图去改变他。简言之，其实，恕道的精神不在于"己"持的立场是对还是错，是好还是坏，而是在于宽容的情怀。通俗地说，绝对不将自己的"好恶"强加于人。用老百姓的话说，就是不要将自己的意见强加于人。

恕道在这个层次所表现出来的尊重和宽容精神，确实具有它的深刻性。道理实际上也很简单，如果说不要把不好的东西给予别人，否则你就没有恕道情怀，这好理解。而如果说不要把即便是好的东西强加给予别人，否则你就没有恕道情怀，这似乎不好理解。然而，儒家恕道的伟大又恰恰体现在这里，从这里我们还可以体会到，要真正做到对他人的尊重、关怀和宽容，其前提一定要不自以为是。

当然，这里并不是说有了恕道情怀，你可以放任社会上一切不文明的行为，对其可以不闻不问、听之任之，或者说，对其就不需要正面的"教化"工作了。答案并非如此。教化不教化是你的责任问题，你完全可以去教化，但你不应有这样的心态，即只要我教化了，且这种教化是对的，那你就理直气壮地强求别人去接受你的教化。前面已指出过，忠道的"立达"是立于礼、达于德，你自己要有此心去"安人""立人达人"——即教化别人，但在这教化中必然有两种情况发生。一种情况是：别人接受了你的"立""达"，因为这部分人有被教化的需要，他人接纳收下了你的"美意"；一种情况是：别人不接受你的"立""达"，因为这部分人还没有被教化的因缘，于是这部分人就会拒绝接纳收下你的"美意"。而恕道是要求你：一定要宽容这部分人所谓的"不识好歹"地拒绝了你的"美

第三章 中华传统优秀美德之仁义礼智信

意",你千万不要为此生怨,更不要为此而轻视、歧视、蔑视甚至鞭挞这部分人。要充分理解他们之所以这样拒绝你的正确的价值观("立""达"),一定有他们的原因和理由。不要急,因为"立""达"之教化本身就是一个"润物无声"的长久且细致的"活儿"。不要丧失信心,不要丢下那些不知好歹的"人们",也不要只是单纯地继续向他们宣传"美德",而是还要试图在其他方面努力去改变"不识好歹"的生存环境,要时刻提醒自己有这样一个观念:"仓廪实而知礼节,衣食足而知荣辱"(《管子·牧民》)。要知道,使人变好和成为道德的人仅靠单纯的教化是不行的。

实际上,如果我们能真正深入到恕道的这一层意义的话,那么也能帮助我们去理解道德的属性以及君子的品行究竟在什么地方表现出来这样一个具有理论意义的问题。也就是说,道德和君子的一个最大的本质特征正是在于"自身修养""自我约束",而不是在于"修养他人""约束他人"。简言之,道德的约束始终是对"自己"而言的,如对"他人"进行约束,那就失去了"道德"之本义。道德不应该"加害"任何人和"妨碍"任何人。而且,恕道的真正精神和情怀是要体现在始终是站在别人的立场上去为别人考虑。原谅他、理解他而不记恨他,不要对你自认为不道德的人而有所轻视。正是在这个意义上,这样一句话就显得非常深刻了,即恃清傲浊比恃才傲物的后果更坏。社会应该清明,但同时也应该宽容污秽。当然,正因为有了这样的宽容,社会的方向一定会越来越清明。

由上可知,对于"恕道"之宽容精神的得出,是建立在对"恕道"所蕴含的多重意义的揭示基础之上的。换句话说,我们应该明确认识到"恕"一定有宽恕的意思,而不是像有的学者指出的那样,认为将"恕"理解成宽恕是一种误解。"如心""推己""将心比心"固然是理解"恕"所具有的"对等""平等"意义的切入点,但是,这绝对不是"恕"道意义的全部。

不可否认的是，在上面我们在"自己不喜欢的人和事，不要强求别人与你一样也不喜欢"意义上对"恕"的论述中，全然是宽容、宽恕精神的展现。

概而言之，尊重、宽容、独立、自由、平等正是"恕道"要传达和呼唤的意思、道理、精神、情怀和意识。

更值得强调指出的是，无论是恕道还是忠道，之所以被称为是"仁道"和"爱道"，最后一定都要表现为爱而不是恨，是尊重而不是轻视，是平等而不是差等，是宽容而不是攻击。一句话，给予的都是轻松和快乐，而不是紧张和伤害。

第一看孔子自己的选择，当有弟子向他询问什么可以作为一个终身奉行的人生原则的时候，孔子明确给出了答案，如果说是一个字，那就是"恕"，如果是一句话，那就是"己所不欲，勿施于人"。《论语》记载："子贡问曰：'有一言而可以终身行之者乎？'子曰：'其恕乎！己所不欲，勿施于人'"（《论语·卫灵公》）。第二看孔子对恕道的定位，当有弟子表达要以恕道行事的时候，孔子说他做不到。《论语》记载："子贡曰：'我不欲人之加诸我也，吾亦欲无加诸人。'子曰：'赐也！非尔所及也'"（《论语·公冶长》）。第三看《大学》的评价，它是把恕道视为人生的"絜矩之道"。絜，度量；矩，画直角或正方形用的尺子，引申为法度、规则。所以所谓"絜矩之道"乃是道德上的规范。第四看今人如何评价恕道的。近代著名思想家严复曾指出："终身可为者惟恕。"最后看两则现代西方人的认知。早在1988年，75位诺贝尔奖获得者在巴黎发表了如下宣言："如果人类要在21世纪生存下去，必须回到2500年前去吸取孔子的智慧。"孔子的智慧正是仁爱的智慧，而仁爱又具体通过忠恕两道得到体现，在忠恕两道中，孔子又选择了恕道作为人们可以终身奉行的原则。也正是这个"己所不欲，勿施于人"被称为"恕道"的思想，于1993年在美国芝加哥召开的世界宗教大会上通过的《世界宗教会议宣言》，被确定为全球人类应遵

第三章 中华传统优秀美德之仁义礼智信

奉的伦理原则,此又被称为"金规则"。而全球伦理的倡导者将这个伦理的基本原则表述为"每个人都应当得到符合人性的对待"。可以说,这就是人类共同文化遗产的最小公分母,或者用"宣言"的话说,是"世界诸宗教在伦理方面现在已有的最低限度的共同之处"。当然,我们也不会因为是西方人对中华传统文化、对孔子思想作出了高度评价,就骄傲了,要有一个清醒的认识,那就是,孔子的智慧不仅是中国可运用的智慧,也是全世界可以运用的智慧。说明存在于中华传统文化中的东西仍然是有生命力的,过去、现在以及未来都将会发挥着它的作用。我们今人在研究包括孔子思想在内的中华传统思想时,都应该从这样一个角度和深度去挖掘它的意义和价值。对此习近平同志的话最有代表性。他指出:"把超越时空、跨越国度、富有永恒魅力、具有当代价值的文化精神弘扬起来。"正是因为在孔子思想中存在着大量的"超越""永恒"的东西,所以才显示出他的思想的重要和伟大,并也才决定了它的当代价值,从而给我们提出了弘扬它的历史和现实的使命和任务。

值得强调指出的是,虽然我们突出"恕道"的地位,但是,要说到儒家和孔子的智慧的话,那一定是包括了"忠道"。也就是说,"忠恕"二道构成了孔子在内的整个儒家思想的"大道"。这一"大道"实际上还向我们展示了这样一种精神和情怀,即"自强不息"与"厚德载物"。具体说来,"忠道"体现的是"自强不息"的精神,而"恕道"体现的是"厚德载物"的精神。忠道首先强调的是道德上的挺立和显达,其次强调的是事功上的建立和通达。再有,通过自强不息而实现了自己的"立达",但同时不忘帮助他人也实现"立达",即"善为人谋"。合而言之,忠道既讲自强不息,又讲善为人谋;恕道更多的是体现宽容厚道的精神。大地的品德正是在于它的涵养和包容,它包容不同的万物及其形势,它不要求一个模式,不要求一个态势,不要求一个样态,只要是存在,它都承载、养育着,而绝对不会任意嫌弃、抛弃一物。合而言之，恕道既讲厚德载物，又讲共处共生。由此可见，忠恕二道既是仁道，也是君子之道。"天行健，君子以自强不息。地势坤，君子以厚德载物"（《周易》语），此之谓也。

（四）仁是惠道

通过"忠恕"二道的具体展现，仁爱的本质在理论上得到了展开和阐发，但《论语》并没有到此止步，它还回答和解决如何将这一仁爱思想具体落实的问题。这正是孔子、孟子的"德政""仁政"思想所要做的事，此也是孔孟的"惠民之道"的内容。《论语·为政》篇明确指出："为政以德，譬如北辰，居其所而众星拱之。"意思是说，用道德来治理国家，即以德治国，那么当政者就会像北极星一样高居天体北极，人臣和人民就像群星一样环绕在他的周围，服从他的领导和驱使。现在需要回答的问题是，"为政以德"这个"德"具体又是指什么呢？孔子在回答其弟子请教何为仁的时候，给出了具体答案，《论语·阳货》指出："子张问仁于孔子。孔子曰：'能行五者于天下为仁矣。''请问之。'曰：'恭、宽、信、敏、惠。恭则不侮，宽则得众，信则人任焉，敏则有功，惠则足以使人。'"在孔子看来，能够处处实行庄重、宽厚、诚实、勤敏、慈惠这五种品德便是仁人了，而以此五德来为政便是德政了。值得引起注意的是，孔子还深入地分析了实行这五德以后的结果。在他看来，庄重就不会遭受侮辱，宽厚就会得到大众的拥护，诚实就会得到别人的任用，勤敏就会工作效率高、贡献大，慈惠就能够凝聚人。能做到这五点，在政治上就落实了"仁者爱人"的思想。如果要继续追问，孔子为什么如此竭力主张德政呢？他是不是不知道行政和刑法等统治方法和手段在治国理政方面的作用呢？回答显然是否定的。实际上孔子非常明白这一方法和手段的作用，只是孔子是站在更高、更深、更久的角度和层次上来看待和选择统治方法和手段的。对此，孔子有过如下精彩论述，他

第三章　中华传统优秀美德之仁义礼智信

说:"道之以政，齐之以刑，民免而无耻。道之以德，齐之以礼，有耻且格。"(《论语·为政》)就是说，用政法来引导他们，使用刑罚来整顿他们，人民只是暂时地免于罪过，却没有廉耻之心。如果用道德来教育他们，使用礼教来整顿他们，人民不但有廉耻之心，而且自知检点和改正，从而达到人心归服的最终目的。孔子所主张的"为政以德"的心理和理论基础牢牢地建立在"仁爱"两个字之上，所以我们完全可以将孔子的"德政"思想也称为"仁政"思想。孔子的这一"惠道"还具体体现在他的一系列"裕民""富民""使民以时"等被称为"庶—富—教"的政治经济主张之中。

关于儒家的"惠道"思想在"亚圣"孟子那里反映最为集中和详备。我们知道，"仁者无敌"是孟子用来鼓励统治者实行仁政的一句影响深远的口号。因为在孟子看来，人心向善的信仰一定要落实在具体的政治和经济主张之中，否则就是流于空洞和玄远的理想而已。

孟子认为，仁政是基于仁心的呈现及推及。要将仁心呈现，并将善行和仁爱由近及远地推广开来以及将善具体地化为行动，这是孟子着力要做的事情。孟子曰:"人皆有不忍人之心。先王有不忍人之心，斯有不忍人之政矣。以不忍人之心，行不忍人之政，治天下可运之掌上。"(《孟子·公孙丑上》);"老吾老，以及人之老;幼吾幼，以及人之幼。天下可运于掌——故推恩足以保四海，不推恩无以保妻子。古之人所以大过人者，无他焉，善推其所为而已矣。"(《孟子·梁惠王上》);"亲亲而仁民，仁民而爱物。"(《孟子·尽心上》);"王如施仁政于民，省刑罚，薄税敛。"(《孟子·梁惠王上》);"是故明君制民之产，必使仰足以事父母，俯足以畜妻子，乐岁终身饱，凶年免于死亡;然后驱而之善，故民之从之也轻"(同上);"王欲行之，则盍反其本矣;五亩之宅，树之以桑，五十者可以衣帛矣，鸡豚狗彘之畜，无失其时，七十者可以食肉矣。百亩之田，勿夺其时，八口之家可以无饥矣。谨庠序之教，申之以孝悌之义，颁白者不负戴于道路矣。老者衣帛食肉，黎民不饥不寒，然而不王者，未之有也。"（同上）；"乐民之乐者，民亦乐其乐；忧民之忧者，民亦忧其忧。乐以天下，忧以天下，然而不王者，未之有也。"（《孟子·梁惠王下》）；"得天下有道：得其民，斯得天下矣；得其民有道：得其心，斯得民矣；得其心有道：所欲与之聚之，所恶勿施，尔也。民之归仁，犹水之就下，兽之走圹也。"（《孟子·离娄上》）；"是君臣、父子、兄弟去利，怀仁义以相接也，然而不王者，未之有也。"（《孟子·告子下》）；"不仁而得国者，有之矣；不仁而得天下者，未之有也。"（《孟子·尽心下》）。

　　孟子上述思想可以说是他的仁政思想的最集中表现。这一思想有几个要点必须强调。其一，孟子认为仁政乃是怜悯别人之良心推广的结果，以及行爱是一个由近及远地推广的过程。先有"不忍人之心"，后必然有"不忍人之政"，先爱自己的父母与儿女，然后再推广到爱别人家的父母与儿女。孟子所宣扬的爱是一个从"亲亲"（亲爱自己长辈）到"仁民"（仁爱全体人民），再到"爱物"（爱护天地万物）的推及过程。"推恩"（把恩惠推广开去）是孟子认为的最简单、最有效的仁政手段，就像手里转动东西那么简单容易。他两次使用了"可运于掌"这种比喻。其二，孟子认为的仁政乃是一项多维度的民生工程。具体包括，减刑罚，轻赋税（"省刑罚，薄赋敛"）；规定人们的产业（"制民之产"）；白发老人不因为生计所迫而头顶背负物件走在路上，五十七十的老者个个有棉衣穿有肉吃，黎民百姓过上温饱的生活（"颁白者不负戴于道路矣。老者衣帛食肉，黎民不饥不寒"）；在此基础上再兴办各级学校，反复地向人民宣传敬顺父母和敬爱兄长的孝悌之道（"谨庠序之教，申之以孝悌之义"）。其三，统治者和天下之人要同乐同忧（"乐以天下，忧以天下"）；其四，得民心者得天下。而得民心的方法也就是，从正面说，把百姓希望得到的给他们，从反面说，不把百姓厌恶得到的强加给他们，如此而已（"得其心有道：所欲与之聚之，所恶勿施，尔也。"）。其五，君臣、父子、兄弟他们都去掉利，而怀抱着仁义来互相对待（"是君臣、父子、兄弟去利，怀仁义以相接也"）；其六，没有仁心的人，不行仁政的人是无法得到天下的（"不仁而得天下者，未之有也"）。如果大家注意的话，孟子喜欢使用"然而不王者，未之有也"这一词语，以此来表达他对推行和实施仁政的坚定信念。所谓"不王者"意思就是"无敌于天下者"。孟子的仁政思想的最后落脚点正是在这里。孟子说："仁者无敌"（《孟子·梁惠王上》）"如此，则无敌于天下"（《孟子·公孙丑上》）"仁人无敌于天下"（《孟子·尽心下》）。无敌者没有敌手者，无敌者无往而不胜者。

（五）仁是天道

仁是天道，是儒家思想中一个比较有特色的地方，表现的形式就是天人合德。在儒家看来，天首先有德，"天地之大德曰生"（《周易》语），"仁，天心"（汉董仲舒语），此之谓也。也就是说，生道就是仁道，仁就是天的本质规定。其次天赋德于人而使人有德。孟子所说的人要"尽其心，知其性，知其天"正是要完成和践行天人所合的仁道之大任者也。儒家所有博爱的思想，尤其是爱物以及与万物同体的思想都是这一任务的具体内容。换句话说，如果要在儒家思想文化中找到一个范畴能足以涵盖天与人的，那当推"仁"。可将此称为"总体性范畴"。正是这样一个总体范畴的"仁"，它共同构成了"天"与"人"的本质属性。通俗地说，天与人的本质都是仁，从而证明了"仁"是表示人与自然的总体性的一个范畴。以后的中国哲学家都坚持着这一观念和思维方法。结论是：儒家之"仁"是表征包括人与所有对象的关系的总体性范畴。孟子所谓的"亲亲而仁民，仁民而爱物"，正是对这些关系的全面概括。孔子那里虽然没有明确爱物思想,但他的"泛爱众,而亲仁"思想无疑包含着推爱的情怀。到了孟子这里,他就明确将爱推及至万物之灵。也就是说,随着孟子提出了"爱物"主张以后,就使得行仁从"人道"扩展到"天道"了。"知天"就是"替天行道",而天道乃仁道,所以"替天行道"就是践行仁道!韩愈的"博爱之谓仁"显然具有了"爱物"及其实行天道的意义了。张载的"民胞物与",程颢的"仁者浑然与物同体",朱熹的"盖仁也者,天地所以生物之心,而人物之所得以为心者也"等思想更是将"爱物"及其实行天道之仁发展到极致,从而也实现了"为天地立心"的神圣使命,在天人合德中完成了"仁道"的升华。

综上所述,仁具五道:孝道、忠道、恕道、惠道、天道。居此道者方为人,居此道者方可安逸。所以说,仁道就是人道者也。这就是为什么孟子那样定义"仁"了。他说:"仁也者,人也。合而言之,道也。"(《孟子·尽心下》),"仁,人心也"(《孟子·告子上》),"仁,人之安宅也"(《孟子·离娄上》)。所以在孟子看来,人生最悲哀的事就是将这一安身立命之所空旷着而不去栖息。"旷安宅而弗居……哀哉!"(同上),此之谓也。于是,人应"居仁"就必然成为包括孟子在内的所有儒家所要竭力倡导的思想。

根据"五道"的论述,我们可以概括出"仁"的精神,那应该是:给予、尊重、分享、宽容、恩惠、平等,这就叫作"爱"的精神。

四、仁的精神实质

仁有五道,仁的含义、意思、道理、情感和精神就是一个字——爱。"樊迟问仁,子曰:爱人"(《论语》语),"仁者爱人"(《孟子》语),"博爱之谓仁"(韩愈语),"仁者,不忍也,施生爱人也"(《白虎通义》语),"盖仁则是个温和慈爱底

第三章 中华传统优秀美德之仁义礼智信

道理""仁字是个生底意思""仁义礼智……其发用焉，则爱、宜、恭、别之情"（朱熹语）等论述，都十分明确地给出了答案。

这一爱的对象是广泛的，这一爱的内涵是丰富的，这一爱的精神是深沉的。我们要爱我们的父母（"善事父母"的孝道），爱我们的兄弟姐妹（"善事兄弟"的悌道），爱别人（忠恕之道，惠民之道），爱草木动物，爱天地万物（爱物之道），一句话，爱宇宙间的一切。那么，究竟怎么爱呢？也就是说，你要学会如何爱，这实际上非常重要。第一，爱一定要"有心"。没有心哪叫爱呢？大家要注意的是，爱的繁体字"愛"是有"心"的。仁的古字没有一个不跟心相联系的。千心为仁（忎），身心为仁（䎞）。而仁道的两大原则，忠恕二道，全是由心而构成。"中心为忠，如心为恕"，此之谓也。如果再以孔子以后的孟子之论来加以强化，则更能凸显"仁"字与心的密不可分的关系。无论是他说的"仁之端"的"恻隐"二字中有心（竖心旁），"怵惕"（竖心旁）中有心，"不忍"中同样有心。孟子的"仁，人心也"说的就是这个道理。总之，这是一种"善心"。第二，爱一定要"有情"。没有情哪叫爱呢？所以讲"仁者，亲也"。亲就是要体现亲密、亲近、亲切、亲热、亲爱之情。《说文解字》的"仁，亲也"，此之谓也。总之，这是一种"亲情"。第三，爱一定要"给予"。没有给予哪叫爱呢？爱一定要建立在给予和奉献的基础之上。"尽己为人""善为人谋""与人为善"，都是在凸显这一点。而从反面说，如果不是给予而是索取的话，那么，爱就不存在了。老子的《道德经》81章，也即最后一章给出如下的结论："既以为人己愈有，既以与人己愈多。"老子是要告诉人们这样一个道理，尽力为别人，帮助别人，自己反而愈加充实；全部给予别人，奉献别人，自己反而愈加丰富。可见，老子的"为与"思想就是"爱人"也。佛教更是以"给人以乐谓之慈，拨人以苦谓之悲"的慈悲情怀宣扬着它的"布施""给予"的"爱人"思想。这些都是给别人带去幸福和快乐。第四,爱一定要"尊重"。没有尊重哪叫爱呢?尊重别人的尊严,尊重别人的选择,尊重别人的爱好。第五,爱一定要"分享"。爱是流动,有流动才可实现爱。由己推人、由近及远、将心比心、感同身受等都是实施爱的方法。只有实现了"泛爱众""博爱""美美与共",那才算叫作真爱。第六,爱一定要"宽容"。没有宽容哪叫爱呢?宽容别人的错误,宽容别人与自己的不一样,宽容别人的不文明不道德。概而言之,爱就是"有心""有情""给予""尊重""分享""宽容"这样六句话,也谓之爱的十二字真言。

仁及仁爱与其说是个理论问题,倒不如说是一个实践问题。换句话说,如果道德最终不落实到"道德实践"上,那么,道德就毫无存在的意义和价值。儒家正是认识到了这一点,所以才直接将"仁"定义为"力行"。"力行近乎仁"(《中庸》语),此之谓也。仁在儒家那里往往是作为一个本体之"道"的性质而存在的。仁在儒家那里可被视为是一个总体性存在,其精神实质是"爱";但这一总体性以及精神实质如何得到体现呢?儒家乃是通过一系列德目做到了"体仁呈道"也。例如,恭、宽、信、敏、惠,温、良、恭、俭、让,忠、孝、节、义,礼、义、廉、耻,忠、恕、诚、信等等。如此,就会使我们能更好地理解"仁"的实践性的特征。所谓"实践性"就是将道之仁落实到具体德行之中。韩愈也正是在这个意义上才指出"行而宜之之谓义"(《原道》)。由此也可解释孔子为什么不愿意将"仁"落实到某人某德之上的一个最重要的原因所在!从这里也是想告诉人们,"仁"是有着无限善的展开之"体"也。"仁"之体如若不落实到具体德目之上以及不表现出来,即"力行"起来,那么,此仁体就无法得到具体的呈现,它就会成为一个空洞的"无物"。《中庸》所谓的"力行近乎仁"一定是在这个意义去强调"仁"之体以及"仁"之行的特性的。一切道德还应具有情感性、神圣性，没有情感就无所谓道德。

我们之所以强烈批判那些假道学的真正原因，即在于这种道德不是建立在真挚情感之上的，它是虚伪的。没有神圣性就无所谓道德。我们之所以强调要将道德化作人们的内在的精神并加以热忱地追求，其真正的原因即在于它是神圣的。王阳明的"知行合一"论所要解决的问题，亦当是"力行"的问题。即是为了反对宋代时期过于强调"知"的倾向。在他看来，当一个人有了真挚情感以后，即"真知"以后，那一定是要落实到"行"的，否则就会放空了，于此这种情感就显得毫无价值和意义了。所以，王阳明的"知行合一"正是强调两头的"真知"（德性之知）与"真行"（德性之行）。能"真知"就可以保证"真行"的方向，而能"真行"才是"真知"的最后落脚点。

中华传统文化正是在对这种精神和方向的追求中，实现着人与自然、人与社会、人与人以及人与自身的和谐与平衡。所以说，仁爱是中华传统文化最广泛、最深沉的精神追求。有了它，中华民族才称得上是一个伟大的民族。

第二节　中华传统优秀美德之义

论过"仁"，接着当然要论"义"，这不但是因为"义"与所有被称为中华传统文化的经典德目相联系，例如，"仁义礼智信"之五常有它，"礼义廉耻"之四维有它，"忠孝仁爱信义和平"之新四维八德有它，而且，习近平同志对中华传统文化概括的"讲仁爱、重民本、守诚信、崇正义、尚和合、求大同"六句话中有它，"富强、民主、文明、和谐；自由、平等、公正、法治；爱国、敬业、诚信、友善"之社会主义核心价值观中亦有它的内涵。由此说明，讨论"义"及其历史意义与现实意义都非常重大。"义"作为中国传统哲学，特别是儒家思想的一个最重要的概念之一，一向被认为是非常难以把握的，难就难在它的意思太多，情况过于复杂，标准难以确定。

一、释义

第一，从《说文解字》中看"义"的含义。需要说明的是，我们现在所使用的"义"是繁体字"義"的简化字。而一般说来，要弄清楚一个字或说概念的本义都要依据《说文解字》对它的解释。而《说文解字》都是对繁体字进行解释。在《说文解字》中是这样解释的："義，己之威儀也。从我羊。"此处的"义"声读作第二声，同"仪"声。"仪"主要是就人的容貌和风度而言的，即指人的仪表。而"仪者，度也"。所谓"度"就是适度、适当之义也。人之仪容礼容皆得其宜，那当为善也，这是"义"读为"仪"的本义。这个本义就突出三个关键词：一是度，二是宜，三是善。"義"，从羊从我，它所要表达是"人与物"的关系问题，即处理人与物的关系问题。"我"代表的是"人"，"羊"代表的是"物"。"义"的这字义倒是与甲骨文的"义"字的意思是相近的，都是强调要对事物进行均等和适度相宜的分割。通俗地说，义就是对物、对利的适宜地分配而达到的和谐的状态。《周易·文言》"利者，义之和也"，表达的正是这个意思。由此可知，"义"就其本义来看，也是一开始就与"利"紧密相联。确定这一点是十分必要的，是使人们懂得，"义"是要在处理"利"的时候而显示出它的价值选择和意义导向。"利和同均"此之谓也。由此可见，"义"的一个最直接和最终的目的一定是要达到"分配"以后的"和谐"之效果。这也就是为什么，中国传统哲学又喜将"义"与"和"联系起来的原因之所在。"义者，利之和也"，此之谓也。分而不当，分而不均，必然引起怨恨和争斗。正因如此，我们才如此痛恨那些瓜分、贪污、侵占、豪夺、抢窃等行径。

第三章 中华传统优秀美德之仁义礼智信

第二，从多训义上看"义"的含义。在上述"义"的含义基础上，《释名·释言语》则对"义"给出了更加明确的定义，而这个"义"是读声为第四声的"义"，也即我们通常使用的词汇了。它说："义，宜也。"宜的甲骨文作"图"，意思是表示将一块肉切成均等的两份或多份。从这一古义出发，我们应抓住两点：一是处理"物利"的；一是在处理过程要做到均等。特别是第一点以前往往没有引起足够的重视。这层意思通俗地说，"义"就是如何来"分配"利。所以，"义"是在处理"利"当中而显示出其意义和作用的。也就是说，"义"不是与"利"截然相对立的一个概念。《释名》认为"义"与"宜"古义相通，即"裁制事物使合宜也。"这是对《中庸》"义者，宜也"的详解。以后的思想家也多是从这个意义上去解释"义"的。例如，韩愈指出："博爱之谓仁，行而宜之之谓义。"（《原道》）朱熹《集注》："义者，行事之宜。"这种含义下的"义"实际上是要突出一个字，即"宜"而"宜"又表示合宜之应当性与合宜之适当性二重意思。

那么，什么样的状态才能算作"合宜"呢？"义者比于人心，而合于众适者也。"（《淮南子·缪称》）；"义者宜也，断决得中也。"（《白虎通义》）；《墨子·天志下》说："义者，正也。"《荀子·赋篇》说："行义以正，事业以成。"《管子·水地》："至平而止，义也。"孟子说："义，人之正路也。"《乐记》说："仁以爱之，义以正之。"从这里可以清楚地看到，"义"是让人们在裁判事物的时候，要遵循"比于心""合于众""止于平""行于正""得于中"的原则。即说，同于人心，符合大众，安止公平，行使正义，无所偏私的行事原则和道德规范就是义。所以，公平、公正、中正是"义"呼唤的精神，换句话说，公平、公正、中正是由"义"而产生的精神追求。

二、义德的具体表现

（一）合宜为义

"义"的本义是"合宜"。公平、公正、中正、合宜的道理谓之"义"。《中庸》说："义者，宜也"，韩愈说："行而宜之之谓义"，朱熹说："义者，事之宜也"，所有这些都是在强调"义"是待人处事的合理与适当的准则、原则。概而言之，"义"是做人做事的"应当性"与"适当性"的行为准则。

作为一个道德原则和法则，作为一种精神追求，"义"是历史的、社会的、具体的，所以它是相对的和外在的，一句话，义是一个社会性范畴。这就决定了"义"的标准存在不确定性特点，这也是为什么说"义"是最难把握的原因所在。通俗地说，你怎么规定此行为是合义的，彼行为是不合义的？这很难，难就难在"它"不好确定。"它"不断与具体的历史和集团紧紧相关联。其中的历史性和阶级性必然成为"义"的内容。但尽管这样认识了"义"，这并不表明一切都成为相对的和无法确定的。实际上，每个时代都规定何为"义"的标准。而这一标准制定的原则只能是"社会绝大部分的意愿和利益"。可能还要再加上一条，那就是——符合共同人性的对待与社会发展方向。上述的"比于人心"与"合于众适"，此之谓也。如此，就堵住了代表少数人利益，或者是代表个人私利，甚而是反社会反人类集团利益的所谓"应当性"。例如，对于偷盗者来说，他们每天都能偷到东西、都有所收获是他们认为应当的行为，即符合他们特殊集团利益和要求的"义"。而对于损公肥私的人，对于一心谋取一己私利的人来说，他会认为那是他应当所得。然而，为什么无论哪个社会都主张"切勿偷盗"呢？任何社会都反对损公肥私和贪腐行为呢？其最根本的原因就在于，这种行为不符合绝大部分的利益以及违背人之为人的心性。所以也才将其列为"不义"之举而受到所有文明社会的不齿与唾弃。

由此可见,"义"存在"大义"与"小义"的问题,更存在"对"与"错"的问题。也就是说,不能仅仅抽象地强调"合宜性""应当性",而是要将一切的言行放到一个更宽广的视野和参考系中加以判定它们的正确与错误。这就告诉我们,在审视某种行为的时候,是需要常怀"人心"与"大众"。人们需要经常心存"大义",并以此观照和检验一切行为的"当其所为"与"不当其为"。此乃孟子"先立乎其大者"之谓也。

(二) 禁非为义

在这里,我们首先从禁止错误行为中来看"义"的含义。这正是"义"在反对、禁止错误和不当行为中而显示它的"正当"之含义的。换句话说,从反面和否定的方式来呈现"义"的正面和肯定的意义。具体说来,从正面讲,遵照公平、公正、中正原则行事的就称为"义";从反面讲,违背公平、公正、中正原则行事的就称为"不义",而对这些不义之举进行禁止又被称为"义"。实际上这就是《周易·系辞下》所说的"禁民为非曰义"。意思是说,"义"是用来禁止人们做坏事的行为准则。说得再通俗些,"义"又是用来禁止一切不正当之人之举的行为准则。"不义之人""不义之财""多行不义必自毙"等句皆是指的这种情况,也就是说,反对这种行径都可被称为是"义举",从而又被视为是正当的行为而受到肯定的赞扬。例如,我们对那些检举、制止违法犯纪的人和事都会称赞其为主持正义、见义勇为。

(三) 利和为义

"义"是用来处理"利"并欲达到"和"之局面的一种原则标准。"利者义之和",此之谓也。这一原则标准当然就是所谓"公平""公正"。当然,这里还值得强调指出的是,在与"利"相对的"义"这个层次里,还引入了"公"与"私"两个概念。一般来说,是将"公"视为"义",将"私"视为

"利"。如若全然不顾公者、他者,而只顾私者、自己,那便伤义矣。从这里可以清楚地感知到,虽然在这个层次内的"义"是兼顾了"利",但是,它最终还是给"得利"确立了一个不应超越的原则,那就是"公"(不是纯粹的自私自利)。正是在这个意义上朱熹才说:"小人只理会后面半截,君子从头来。"意思是说,小人只知道"利",而君子既知利,又顾义。"君子爱财,取之有道",此之谓也。概而言之,"义"是在兼顾"利"之时而显示出的"公"义。也可谓,"义"即公也。天下正大就是公,自家私意就是私。"义"又用来表示完全公而忘私之大行也,或说,"大义"者也。这个公或者谓他人,或者谓集体,或者谓国家,或者谓民族。当然最大的"公"的对象一定是"天下"。"天下为公",此之谓也。孔子的"君子喻于义,小人喻于利"(《论语·里仁》),此处之"义",可能正是在上述意义上来立论的。概而言之,"义"是一种公而无私的品行。义的实践则要求公正。韩非子说:"义必公正,公心不偏党也。"(《韩非子·说林》)所谓"正义"就是正确正当的原则,这些原则对应于善恶,善有善报,恶有恶报。正义的力量是不可战胜的,说的就是这种"义"。墨子说过:"义者正也,何以知义之为正也?天下有义则治,无义则乱。"意思是通过实践即可检验"义"是要求"正"的(《墨子·天志》)。概而言之,"义"即正义者也。

(四)善行为义

道义、节操、精神等善德善行就是义。元代的民族英雄文天祥在其绝灭诗这样写道:"孔曰成仁,孟曰取义。""成仁取义"已然成为中华民族几千年来激励无数仁人志士为了国家为了民族为了人民而英勇无畏、甘愿牺牲的民族精神,而这种精神的锻造和培育正是由至圣孔子与亚圣孟子共同完成的。孔子直言:"志士仁人,无求生以害仁,有杀身以成仁"(《论语·卫灵公》),意思是说,有志向和有道德的人,绝对不会求得保

第三章 中华传统优秀美德之仁义礼智信

全性命而做出损害仁德的事情,而是宁可牺牲自己生命来成就自己所追求的真理和信仰。孟子正是在孔子这一价值观的基础之上,提出了他著名的"舍生取义"思想。孟子曰:"鱼,我所欲也,熊掌亦我所欲也,二者不可得兼,舍鱼而取熊掌者也。生亦我所欲也,义亦我所欲也,二者不可得兼,舍生而取义者也。生亦我所欲,所欲有甚于生者,故不为苟得也;死亦我所恶,所恶有甚于死者,故患有所不辟也。"(《孟子·告子上》)这是说,鱼和熊掌都是我喜欢的,如果两者不能同时拥有,那就舍弃鱼而选择熊掌;生命和义都是我喜欢的,如果两者不能同时拥有,那就舍弃生命而选择义。生命本是我喜欢的,但是还有比生命更让我喜欢的东西,因此我不能做苟且偷生的事。死亡本是我厌恶的,但是还有比死亡更让我厌恶的东西,因此有的祸患我不能躲避。由此可见,孟子是在"生"与"义"二难的选择当中凸显他重义贵义的价值取向的。应该说,生命对于每个人来说都是极其珍贵的,但人之为人最可贵的属性也正表现在他能够自觉到有比生命更珍贵的存在,并能够为了它甘愿抛弃极其珍贵的生命。由此可见,"义"实指与利相对的存在,这是一种比生命还要珍贵的存在,此在孟子那里又被称为"善"。上述的"舍生而取义者也"的"义","惟义所在"之"义",以及为大家非常熟知的"王何必曰利?亦有仁义而已矣"之"义"。此处的"义"乃是指道、节操、精神等品德。这个概念框架下的"义",其实又与"善"这个概念等同了。孟子曰:"欲知舜与跖之分,无他,利与善之间也。"(《孟子·尽心上》)孟子认为,圣人舜与大盗跖两人之间的差别,没有别的,就在于利和善的不同而已。孟子在这里选用了"善"这个概念而与"利"形成相对的两个概念。由此,我们才说,"义"即"善",如果我们将孟子的此种意义上的"义",都替换成"善"的话,那么,就会自然使得问题清晰许多。具体说来,"舍生取义",就是表示"舍生取善"矣。另外,与此相关的还有一个问题应该引起注意,那就是在孟子那里,所谓"尚志"的内容明确地被规定为能表征"善"的"仁义"之德。孟子在回答"何谓尚志?"的问题时给出的答案就是:"仁义而已矣"(同上)。在孟子看来,"舍生取善"和"尚志"这便是"人心向善"的最高形式的体现。人心向善也即崇道义尚志向者也。

(五) 羞恶心为义

对不行善而感到羞耻和厌恶的情感为义。这是从在违反"义"或说做了"不义"之事以后的情感态度和表现上来把握"义"的含义。这实际上是孟子所说的"羞恶之心"的范畴。也就是说,当你做出了"不善"之事后,你应该有"羞耻、惭愧"之心之意,这就叫作"羞";当你看到别人做出了"不善"之事后,你应该有"厌恶、憎恶"之心之意,这就叫作"恶"。合而言之,"羞恶之心"就是"义"。所以孟子所说的"羞恶之心,义之端也""羞恶之心,义也,"(《孟子·告子上》)。如再进一步说,由羞恶之心而产生的"义"德是要向人们表明这样一个道理:即自己应该做的而没有去做和自己不应该做的却去做了,为此就要感到羞愧;当看到别人做了不应该的事后和应该做但没有去做的时候,为此就要感到厌恶。"羞耻己之不善也;憎人之不善也"(朱熹语),此之谓也。所以说,羞恶之心是一种情感意识,是一种防范错误的意识,能够促使主体控制自然欲望和负面感情不去做那些不该做的事情。

于是,这里所谈的"义"就具有了人性论意义。换句话说,孟子是将"义"看作人之为人的先天的、内在的、本质的属性之一。由此可见,这是要回答和解决"义"是从哪里来的问题。中国哲学,尤其是儒家哲学主张是从人的内心生出来的,也就是说,"义"不是从外面来的。唯其如此,它才能成为超越性的评判善恶的标准性的存在。南宋的朱熹则明确指出:"义者,心之制。"意思是说,义是人心内在的自我规范。这个人本来就有的自我规范之义，实际上用来裁判断决善恶是非的。所以，"善善恶恶为义"正是在这个意义上立论的。通俗地说，义是强调好善恶恶，爱憎分明，是非分明。只是在孟子那里则是特别从反面强化了"义"的"羞恶"或说"恶恶"的一面。概而言之，"义"是人之为人之性的一部分，它主要承担了"善善恶恶"的裁决功能。

儒家正是通过对"义"之公平、公正、中正等美善的"应当的行为"的宣扬，以及对当你做了违背这些美善的"不应当的行为"而应产生的羞耻和憎恶感的强调来伸张人性之善的。

三、义的精神实质

综上所述，"义"从诸方面来确立其义，实际上是有内在统一性与关联性的。义之度性，义之利性，义之裁性，义之宜性，义之美性，义之善性，义之合性，义之平性，义之正性，义之中性，义之和性，义之分性，义之禁非性，义之人性等诸性都是在申论人的行为之应当性与适当性，宣扬的乃是公平、公正、中正的道德规范和精神理念。

孟子说："仁，人心也；义，人路也"（《孟子·告子上》），"仁，人之安宅也；义，人之正路也。旷安宅而弗居，舍正路而不由，哀哉。"（《孟子·离娄上》）孟子这里强调了"人"之路，而不是禽兽之路。

人要走人路，不要走禽兽之路。"人之正路"是让人不要走歪路、邪道、鬼途者。从孟子这里的论述中我们可以清楚地发现，"义"的精神体现在"正"字上，也说明"义"德在孟子那里的含义是多样的。有"敬兄"义，有"羞恶"之情义，有"道义""节操"义，有"正"义。

任何一个和谐文明社会的建设，都不能离开以公平正义为本质内涵的义的支撑。经济领域利益的分配要讲义，社会福利领域的配置要讲义，司法领域的判决要讲义，对自然界的开发利用要讲义，对各种产品的生产要讲义，面对公私群己要讲义，面对世道人心要讲义。如此才能克服利益的不均，减少司法的不公，净化环境的不正，消除权力的无度，消弭人心的不平，消灭私欲的横流，制止世风的日下等等，从而使社会生活的方方面面都呈现出适度、相宜、平衡、和谐的局面。再者，一个国家，一个民族在任何时候都要培植国民崇尚道义、坚持操守、注重气节的优良品质。因为"义"构成了人之为人的本质，"义"是最上等的品格。"义以为质""以义为上"（《论语·卫灵公》），此之谓也。唯其如此，一个人才能做到"不义既富且贵，于我如浮云"（《论语·述而》），更才能面对死亡而大义凛然、视死如归、宁死不屈。"杀身成仁""舍生取义"，此之谓也。最后值得再次强调指出的是，"义"德主要又承担起"行"所有德的神圣使命。如果说"仁"是"体"的话，那么，"义"就是"用"，就是"路"。这是"人路"，这是"正路"。所以，任何一个要建设文明社会的国家和民族的人民，绝对不可以舍去此路而不行走，否则那是件悲哀之事呢！"舍其路而弗由……哀哉"（《孟子·告子上》），此之谓也。这乃是我们"论义"的重大意义之所在。

第三节　中华传统优秀美德之礼

中国之所以称其为中国，应该说离不开"礼"字。作为"国之四维"的"礼义廉耻"中有礼，"仁义礼智信"之五常中有礼，"孝悌忠信礼义廉耻"之八德中有礼，"礼仪之邦"又更被直接用来代称中国和称赞中国的文明。应该承认，"礼仪"文化成为中华民族独特的精神标识之一。然而，尽管"礼"在中华传统文化和社会历史中有着如此突出的地位和重大的意义，但它却是在中华传统文化中遭受最猛烈批判和否定的制度文化和道德规范。这主要发生在两个时期，一是新文化运动和"五

第三章 中华传统优秀美德之仁义礼智信

四运动"时期，鲁迅提出"礼教吃人"，一是"文化大革命"时期，全民批判"克己复礼"。一时间，在中华大地，只要一提起"礼"，就会自然产生一种莫名其妙的反感和排斥。中国人不加分析，甚至全然不知"仁义礼智信"五常为何物时而一味地给予否定和批判，其主要原因可能就在于这个"礼"字。有鉴于此，我们非常有必要好好来论论礼，以期还其本来面目，并最终彰显出"礼"的真正和积极的意义。

一、释礼

礼有多义。礼字的繁体字写作"禮"。东汉许慎《说文解字》说："禮，履也，所以事神致福也。从示，从豊。"这一解释包含以下几个信息。第一，礼是一种实践行动，履者履行也。第二，礼是一种宗教的祭祀形式，示者祭祀也。第三，礼是一种表示祭祀用的容器，豊者器皿也。总之，礼是欲通过祭祀神灵而获得幸福的一种宗教实践行动和形式。从礼的这一起源义来看，它所要表现的是对神灵这一特殊对象的敬畏和庄敬之情。这是礼的原始义。

由宗教祭祀的形式以及由对神灵敬畏和庄敬发展而来的意义，随着所事对象的变化而呈现出礼的多重含义，同时也展现出礼所要表征的主要的精神实质。也就是说，由事神礼天到待人接物，礼从形式到内容反映着一定的社会规范和道德规范。

二、礼的具体表现

应该强调指出的是，礼是一个内涵丰富的概念，其作用和功能也是多方面的，有制度的，有法律的，有文化的，更有道德伦理的。礼在中国传统社会既具有外在法律规范和道德规范的功能，又具有内在伦理自觉的功能。所以说，礼的精神实质必然是通过多方面体现出来。礼主分，主让，主谦，主卑，由此构成"礼分""礼让""礼谦""礼卑"等，而这些同样对中国人的价值取向、生活方式、生存样态以及深层的民族心理结构产生了极其深远和重大的正负两方面影响。

（一）礼之分

礼有一个很重要的功能是它的"分"。所谓的"分"重点是强调和突出对不同等级和身份的划分。但这里强调指出的是，"礼分"也应从两个方面来理解。一是独立承担区分等级、分别尊卑的"礼分"；二是与"仁"相联的"礼分"。关于后一种"礼分"的意义与价值，我们将在以后的相关文章中加以探讨，这里重点就前一种"礼分"思想给予分析。在中国古代社会，礼正是用来规定这一等级的行为准则和道德规范。《礼记·曲礼上》说："夫礼者，所以定亲疏，决嫌疑，别同异，明是非也。"《汉书·公孙弘传》说："进退有度，尊卑有分，谓之礼。"这两句话的主旨就是强调礼在确定人与人的亲疏关系、分别尊卑地位的同异等问题上的作用和功能。所以，《礼记·曲礼上》又说："君臣、上下、父子、兄弟，非礼不定。"应该承认和正视的是，礼的这种作用和功能尽管也有分工、秩序的意思，但更多的是凸显上下尊卑的等级性。如果掌握不好适度的话，或说走向极端化的话，那是极易会强化等级观念的，从而走向仁爱、尊重、庄重和恭敬的反面。中国传统社会的封建制和宗法制内在的要求正是等级制。为了这一需要统治者会不断强化符合这一制度的礼的观念，从而在现实中形成了以官本位为特征的不平等思想。所以说，与等级制度相适应的行为准则和道德规范的礼制应该属于中国传统文化中糟粕的成分，是理应受到否定和批判的。我们也只有站在这个角度和立场，才能充分理解为什么鲁迅先生那样猛烈地批判"礼教吃人"了。

尽管我们在理论上明确对"礼"做了区分，并实事求是地指出了作为维护等级制度的行为准则和道德规范的礼的负面作用和功能，但是，所有这一切并不表明，我们就可以不加区分和分析礼的丰富而又具体的内涵及其精神，而一味地对礼加以

第三章　中华传统优秀美德之仁义礼智信

全盘否定。实际的情况恰恰相反，礼在其他方面和层次上所表现出来的道德规范和伦理精神对铸造我们中华民族诸多优良品质起到了积极正面的作用。这正是礼主让、礼主谦、礼主卑的"礼让""礼谦""礼卑"精神。"礼让""礼谦""礼卑"实际上是从三个不同程度上对礼的本旨——敬的具体化而已。换句话说，"礼让""礼谦""礼卑"是对"礼敬"的具体落实。

（二）礼之让

所谓"礼让"主要强调的是将好处和方便给别人，以此体现对他人的尊重和恭敬。这个例子最有代表性并为中国人非常熟悉的就是"孔融让梨"和"六尺巷"的故事。"孔融让梨"的故事讲的是这样一件事，东汉末年一位名叫孔融的人，他有五个哥哥、一个弟弟，一日家中买了一些梨子，父亲和哥哥们让孔融和弟弟先拿，盘中梨有大有小，孔融只拿了一只最小的梨子。父亲问他，"盘中这么多梨，让你先拿，你为什么拿最小的？"孔融说："我年纪小，应该拿最小的，大的应该留给哥哥。"父亲又问："弟弟不是比你小吗？"孔融说："我比弟弟大，我应该把大的让给弟弟。"孔融让梨的故事一直在中国广为流传。"融四岁，能让梨"也以其"礼让"品质成为教育孩子的经典语句。

"六尺巷"的故事讲的是这样一件事：清朝康熙间有个大学士名叫张英，一天张英收到家信，说家人为了争三尺宽的宅基地，与邻居发生了纠纷，要他利用职权疏通关系，打赢这场官司。张英阅信后坦然一笑，挥笔写了一封信，并附诗一首：一纸家书只为墙，让他三尺又何妨？万里长城今犹在，不见当年秦始皇。家人接信后，让出三尺宅基地，邻居见了，也主动相让，结果成了六尺巷。这则故事的结局是和谐的，而实现此的前提是"礼让"，呈现的精神是恭敬。

（三）礼之谦

"礼谦"主要强调的是对别人的谦虚而有礼貌。以此体现对他人的尊重和恭敬。这个例子最有代表性并为中国人非常熟悉的就是刘备"三顾茅庐"的故事。东汉末年，刘备听说深居隆中卧龙岗的诸葛亮很有才干，就和关羽、张飞带着礼物去请诸葛亮出山辅佐他。前两次都没见到，刘备只得留下一封信，诚恳表达自己对诸葛亮的敬佩和请他出山的意思。过了一些时候再去拜访时，诸葛亮正在睡觉，刘备不敢惊动他，一直站到诸葛亮自己醒来，才进屋坐下谈话。这个故事充分反映出刘备对诸葛亮的礼谦和恭敬，正因为如此，也感动了诸葛亮，并最终出山帮助刘备形成三国鼎立之势。诸葛亮在其《出师表》中不无感慨地记述了这段经历："臣本布衣，躬耕于南阳，苟全性命于乱世，不求闻达于诸侯。先帝不以臣卑鄙，猥自枉屈，三顾臣于草庐之中。"

（四）礼之卑

"礼卑"主要强调的是放下自己的身段，甚而卑弱自己而宽厚谦逊待人。以此体现对他人的尊重和恭敬。这个例子最有代表性并为中国人非常熟悉的就是"将相和"的故事。这个故事出自司马迁的《史记·廉颇蔺相如列传》。战国时赵国舍人蔺相如出使秦国，不辱使命，屡建奇功，被赵王封为上卿，位在赫赫有名、战功卓著的廉颇将军之上。廉颇认为蔺相如只凭口舌之功却比他官大，对此很是不服气，并对他人说，以后让我见到他，必定会羞辱他。蔺相如知道后，请病不上朝，不愿跟廉颇争位次，在路上遇到廉颇也绕道避开他。连蔺相如的门人都承受不了这样的羞耻屈辱，纷纷要离开蔺相如。蔺相如对门人说，我连比廉颇厉害的秦王都无所畏惧，难道偏偏害怕廉将军吗？但是我想到，强大的秦国之所以不敢轻易对赵国用兵，只是因为有我们两人在啊！现在如果两虎相斗，势必不能共存，我之所以那样做，全是以国家的安危为重啊！后来廉颇知道缘由以后，非常羞愧，来到蔺相如家负荆请罪。两人终于交欢和好，成为生死与共的挚友。

由上可知，以谦让、谦卑为特征的"礼"讲究的是"卑己而尊人"，对于这一富有中国特色的思想观念，一定要给予深入理解和把握。可能在一些人看来，将自己放在一个卑下的地位，似乎有失自己的尊严，或者认为这可能导致不平等的等级观念的产生。但礼德的实质及其精神绝对不能做这样的揭示，其实中国思想家深刻洞察到人与人的交往更重要、更本质的是一种情感交往，只要是出自内心地对他人尊重，哪怕是卑下和委屈自己，也会给对方带来心灵深处的撞击，并因此会作出相应的回报，从而到达彼此的和谐团结，这就叫作"交往""交换""感应"，这就叫作"和谐""和睦""和合"。中国传统文化通过不同的方式来表达这一理念，那就是"礼尚往来""来而不往非礼也"。孟子所说的"有礼者敬人……敬人者，人恒敬之"，《论语》所说的"礼之用，和为贵"，其虚言哉！上面四则历史故事，有力地确证了这一点。

三、礼的精神及其功用

礼被中国人看作天经地义、人道所依的最高原则。《左传》记子产语："夫礼，天之经也，地之义也，民之行也。"从宏观上说，礼是用来经世安民的。《左传·隐公十一年》说："礼，经国家，定社稷，序人民，利后嗣者也。"就是说，礼是有着治理国家、安定社会、秩序人民、利益子孙的功用的。从微观上说，礼是用来举行典礼仪式的。中国古代有吉礼、凶礼、宾礼、军礼、嘉礼这五礼之分。在日常生活中又以婚礼、丧礼为最有代表性。

（一）礼的精神在于报恩

礼的精神体现在两点：一个是大报本也；一个是敬。荀子说："礼有三本：天地者，生之本也；先祖者，类之本也；君师者，治之本也。"也就是说，在这里荀子明确指出了"礼"所要报答的三大对象及其三个最根本的功能和作用。但如果我们再加以仔细区分，即可发现荀子这里涉及了五个对象，一个是天，一个是地，一个是亲，一个是君，一个是师。合起来并称为"天地君亲师"（也称为"天地国亲师"）。由此可见，这五大牌位以后几千年也成为中国人的崇拜对象。天地是生成万物的根本性存在，所以在中国人文化意识中，对具有生物生人的"大德之天地"是抱有非常神圣的敬畏之心以及感恩之情的。以至于在人生大礼的婚礼上，一对新婚夫妇完成三拜的第一拜就是"拜天地"。或干脆将男女成婚之礼叫作"拜天地"。先祖者是直接给予人类生命的存在者，每个人的身体发肤都是来自自己的父母双亲，所以在中国人文化意识中，对于生我们养我们的"高堂之父母"是抱有非常深厚的孝敬之心以及感恩之情的。师长是传播道德、传授业务、解除困惑的存在者，一切文化人和受教育者的意义生命在一定程度上是来自我们的老师，所以在中国人文化意识中，对于教化我们的"西宾之教师"是抱有非常崇高的尊敬之心以及感恩之情的，以至中国人用"一日为师，终身为父"和"师恩难报"韩信报恩来表达对自己师者的崇敬和感恩、报恩之意！当然，至于对"国君"的报恩，那更多的是入朝做官的大臣们的事，而与匹夫之贱的民众似乎没有直接的关系。应该承认的是，在中国传统社会中，"精忠报国"的意识在民众中是显得比较淡漠的。由此可见，上面所论的内容与"礼"之本义为"祭祀"是有直接关联性的。这是谈"礼"的报本精神和崇拜精神。

（二）礼的精神在于主敬

所谓"敬"，指的就是相互尊敬。"敬"是"礼"的精神实质之所在，离之，"礼"就失去积极意义和价值了。也就是说，否定了"敬"的精神，一切"形式"（仪式）皆将失去其意义，从而蜕变为"虚设"意义。也就是说，作为仪式的礼是繁多的，但所有的形式都要反映同一个精神理念，那就是恭敬。所以古人有言："经礼三百，曲礼三千，可以一言蔽之曰：毋不敬。"

所谓的"毋不敬",意思是说,身心内外不可使有一点不恭敬之意。由此可见,礼是要通过一定的形式来表征对对象的庄敬、恭敬、尊敬、崇敬之情之意。所以,"敬"构成礼之纲领和要旨。

与此相联,礼敬必然地成为中国人在日常的待人接物中和交往交际中所要遵循的行为准则和道德规范。它体现在人的举止、仪表、语言、程序等方面,这可以用"礼貌"这个概念来给予概括。例如我们会将这样的举止、仪表、语言、程序等称为礼貌的行为方式。举止要求的是得体有度,斯文不鲁莽;仪表要求的是整洁庄重,着装得体。

有度、斯文、庄重、得体都是基于对他人的尊重和友善;语言要求的是美善温暖,和缓不冲动。"谢谢你""对不起""没关系""我爱你"当这些语言成为我们每个人对他人的表达方式的话,它所产生的力量是无法估量的。我们常常在生活中见到,所有家长都会要求他们的孩子见到人,特别是长辈,要喊人。如果这个孩子没有这样做,就会被评价为不懂礼貌、没有礼貌;程序要求的是有条不紊,张弛有度。购买东西要按顺序排队,要讲究先来后到,乘车要先下后上等等。做到了上述这些,就叫作礼貌,就叫作文明。由此可见,礼貌与文明是可以互释的。

以敬为体的文明礼貌是讲究形式与内容的有机统一。内容决定形式,形式反映内容。在这个意义上的文明礼貌就成为一种道德观念。正因为如此,亚圣孟子才将"恭敬之心"视为"礼"这一道德的开端。他说:"恭敬之心,礼之端也。"

从正面讲,遵循主于敬的礼,那就是符合道德的行为。从反面讲,不遵循主于敬的礼,那就是违反道德的行为。也正是在这个意义上,孔子明确提出他的主张,即"非礼勿视,非礼勿听,非礼勿言,非礼勿动"。这是要求人们"视、听、言、动"处处都要遵循一定的行为规定和规范。孔子的这一思想,无论从哪个方面去评价，都应得出正面和积极的意义来。具体说来，不让你看那些黄色、暴力的读物和影视作品，不让你听靡靡之音和污言秽语，不让你说粗话脏话和恶语妄语，不让你大声喧哗，不让你乱丢杂物，不让你横穿马路，不让你随地吐痰，不让你损坏公物，不让你破坏自然等等，这不就是用礼仪礼节来规范每个人自己的言行和举止吗？任何一个倡导文明社会的国家和集体，此礼都是需要遵守和遵循的。各级组织、单位制定的文明规范、文明守则所要体现的内容都是由"礼"来完成的。

（三）礼的功用在于文明和谐

因为对他国他人恭敬尊重了，对他国他人宽容大度了，所以，国与国、人与人之间就会彼此尊重和友善了，从而就会出现和谐的局面。正因为如此，儒家才明确道出了这种逻辑关系。《论语·学而》记载："礼之用，和为贵。"意思是说，礼的应用，以和谐为贵。中华的"礼乐"文明和"礼仪"文明讲究的都是一个"敬"字，都是强调一个"和"字。"敬和"乃是体现中华文明最重要的精神标识。孟子曰："有礼者敬人，敬人者，人恒敬之。"（《孟子·离娄下》）《论语·颜渊》说："司马牛忧曰：'人皆有兄弟，我独亡。'子夏曰：'商闻之矣：死生有命，富贵在天。君子敬而无失，与人恭而有礼，四海之内皆兄弟也。君子何患乎无兄弟也？'"这里强调"敬慎"（庄敬）和"谦恭"。也就是说，"四海之内皆兄弟"的前提乃是对人"敬而无失"，"与人恭而有礼"。当然这是"君子"所为，"小人"未必能做到"对人敬""与人恭敬"。所以，"凡礼之体主于敬，而其用则以和为贵"遂成为中国古人的共识。中国作为一个有着几千年历史的泱泱大国，其气度和气象的彰显就显得特别重要。如何在新的历史条件下，发扬中华传统文化中礼的精神并对"文明和谐"这一国家层面的社会主义核心价值观大力弘扬，自然成为时代课题。

四、社会习俗之礼的文化意义

礼在中国传统文化中多是作为"社会习俗"而存在的。"礼"虽然是规范,但它是一种社会习俗,是一种习惯成自然的"法"。更为重要的是,"礼"是由恭敬、辞让之心"生"出来的道德、规范,即它属于"道德"范畴,而不属于"法律"范畴。荀子是重道德教化的,非法家的法律惩罚。"教化"使人亲,"惩罚"当然使人畏。如此就能更准确理解《论语》中的两段话。一段是"道之以政,齐之以刑,民免而无耻。道之以德,齐之以礼,有耻且格"(《论语·为政》),一段是"礼之用,和为贵"(《论语·学而》)。儒家重教重化,"助人君,顺阴阳,重教化"(《汉书》语);"修道之谓教"(《中庸》语);"观乎人文,以化成天下"(《周易》语),此之谓也。清代学者陆世仪说:"今士大夫家每好言家法,不言家礼。法使人遵,礼使人化。法使人畏,礼使人亲。"在中国传统社会,"礼"往往起着"法"的作用,即它成为一种习惯成自然的"法"。"习俗"对于一个国家很重要。孟德斯鸠在其《论法的精神》中说:"当一个民族有良好的风俗的时候,法律就是简单的。"老子说:"法令滋彰,盗贼多有"(《老子》五十七章),实际上他在告诉人们,法令有许多,那是说明社会的风俗不好的缘故,或者说失去了良好的风俗后,法令必然会多。孔子所主张的"导之以政,齐之以刑,民免而无耻"(《论语·为政》),也在强调如果没有良好的风俗,政刑就会繁多。所以孔子才那么强调"德"和"礼"在强化社会的风俗中的巨大作用。

再有"礼之用,和为贵",也充分说明孔子强调良好风俗建设的重要性。这提醒我们应站在这样的角度去把握这句话的深义。另,"有耻且格","格"者,行为是格的,就是方方正正的。也就是说,他们不是简单地去否定法律的作用,而是看到了更深刻的良好的风俗对社会治理的根本性的重要作用。

五、"让"是儒道佛三家共同主张的价值观

总的说来,礼让、礼谦、礼卑实际上其精神实质就是一个字——让。也正是这个"让"构成了中华传统文化儒道佛三家共同所主张的价值观。换句话说,如果用一个字来表示中华传统文化最显著的特征的话,"让"字一定是比较符合实际和非常贴切的。因为在确定一种文化的所谓特征的时候,始终应该考虑两个维度,一是自己有而别人没有;二是自己有的与别人有的完全是对立和相反的。所谓特征的确证,应同时符合上述两条基本原则。具体说说"让"的观念。中华传统文化的儒道佛三家都是共同主张"让"的:儒家主张"礼让",道家主张"退让",佛家主张"忍让"。与"让"的理念相关的,或说能够成为"让"的更为基础的理念一定是"谦"。儒家是主张"谦逊",道家是主张"谦虚",佛家是主张"谦忍"。而如果再找"让"与"谦"更为基础和前提的理念是什么呢?那答案乃是:"敬"字。从这里我们会深切体会到,为什么宋明理学家那么重视"敬"的原因了。因为唯有"敬",才能实现对人对事的"让"与"谦"。由此看来,在研究中华传统文化的核心价值观的时候,不能忽视对"敬"的探讨。尽管"敬"的理念可以通过其他一些概念得到体现,例如,通过"诚"可以反映"敬"的精神,"敬诚"可以连用。通过"忠"可以反映"敬"的精神,"敬忠"可以连用。而且,按照《说文解字》的解释,"忠者,敬也",实际上此二字是可以互释的。

正因为"让""谦""敬"构成了中华传统文化的核心价值观,所以,在中华传统文化中又从反面来强化这一核心价值观的。这就是我们非常熟知的,儒道佛三家共同的主张——不争。所谓"不争",就是明确反对"争斗""争夺""争强""争胜""争勇"。也就是但凡那些属于"争名夺利""争强好胜"的人和事都是中国传统文化所要反对和否定的。

第三章　中华传统优秀美德之仁义礼智信

中华传统文化中无论是主张"性本善"论的，还是主张"性本恶"论的，实际上都是将"争"视为反面的和不应该提倡的行径。就拿主张性恶论的荀子来说，正是因为他看到了人们出于其自然生理的本性一定会发生"争"的，而"争"的结果，那一定会带来社会的动乱。

正是要避免这种不安和动乱，荀子才指出，圣人创造"礼"的必要性。因为"礼"的一个最大的功用即在于"规范"人们的行为，从而避免因为"争夺"而产生的坏的结果。一句话，荀子的思想目的，是主张通过礼的约束而使人们"不要争"。那么，主张性本善论的儒家更是明确反对"争"了。道家和佛家也正是欲通过人之真性：道家谓之"自然"之"道性"，佛家谓之"本然"之"佛性"，去克服人们因为真性不显而造成的"争"。"不争""无争"始终成为道家和佛家一以贯之的核心价值观。

西方的价值观，强调人们的"争"，并将其视为全社会人民信奉的价值观。如果我们是从理性出发，而不是从感情出发，把中西文化及其价值观进行比较的话，更重要的是，通过实践去检验的话，究竟哪一种文化和价值观能够给社会带去"和平"？所以如果从人类社会长期发展来看中西文化，中国传统文化及其核心价值观，是能够给人类带来和平的。"它"是一个方向，是一个目标。不能够仅从历史和现实所出现过的"情况"，就断定主张"竞争"的西方文化就是好的，就是代表人类发展方向的。因为即便"实际情况"所展示的，也未必是符合人性的对待的。两次世界大战都是西方人发动的。

我们研究中华传统文化，不能从理论到理论，而是要观照现实，观照未来。而这两个观照的最基础仍然是"人性"。北宋思想家张载给士大夫，也就是今天所谓的"知识分子"所提出的四条要求之一就是"为万世开太平"。这里有两个概念需要引起高度重视，一是"万世"，二是"太平"。即要从长远的角度来切入问题,再者要从终极的目标来认定问题。如果遵循这种原则,可以说,只有中华传统文化所昭示的价值观才是符合人类社会发展要求的。我们应该有这样的文化自觉和文化自信。

六、"礼"的多重文化意义及其与社会主义核心价值观的关系

"礼"喜与"法""义""仁""乐"相连而形成不同的价值观,以及这些价值观所反映的中华传统文化的精神侧重的不同。对"仁"而言,"礼"是"节文";对"乐"而言,"礼"是"异"。仁是表示亲爱,礼是表示敬爱。《礼记·乐记》说:"乐者为同,礼者为异。同则相亲,异则相敬。"也就是说,"礼"所表现出的爱不是血缘的爱而已,它只是将"爱"变成了血缘之外的"对象"罢了。对"义"而言,"礼"是形式;对"法"而言,"礼"是社会习俗。

读懂中华传统文化一定要读懂"仁礼观""礼乐观""礼仪观""礼法观"。其中道理非常简单,通过"礼"这一德目,中华传统文化试图解决的问题是包括多方面的,举凡道德与风俗、风俗与法律、仁爱、文明等精神的外在形式和表现等,无一不要借助"礼"来反映!如此去理解宋明理学为什么将儒家文化归结到一个"敬"上,这也充分体现出"礼敬"在中华传统文化中的突出地位及其重大意义。中国之所以被称为"礼仪之邦",也在于中国文化十分强调对人对事的"恭敬""谦让""谦和""尽心""勤勉"。

实际上,中华传统文化中的"礼"的思想与社会主义核心价值观中的"文明""和谐""法治"存在着内在关联性的。这也提醒我们,对包括"礼"在内的中华传统文化中的概念,尤其对儒家许多德目的理解一定要从多个层面和意思中去切入,如此才能全面呈现它们的价值观及其意义之所在。特别是对"礼"的理解和把握一定要弄清楚它的诸多含义,而"礼"的

第三章 中华传统优秀美德之仁义礼智信

多重意义又正是在此基础之上而得到呈现的。实际上这里还存在这样一个问题，即为什么在学界有将"礼"作为中华传统文化的全部核心，它究竟在理论上有何根据。其根本原因仍然是在于要对"礼"的多重意义的揭示完整后才能做得到的。通俗地说，对"礼"的研究要分层次性，通过这一层次性而又要注重"礼"与其他概念相连后而形成的特殊含义。例如，作为"规范"之"礼"当与"制"（"法"）相连，从而形成"礼制"（"法"）的概念及其意义；作为"形式"之"礼"当与"仪"相连，从而形成"礼仪"的概念及其意义；作为"庄重"之"礼"当与"敬"相连，从而形成"礼敬"的概念及其意义；作为"等差"之"礼"当与"别"相连，从而形成"礼别"的概念及其意义。而当我们在一个比较清晰的框架下细分出了"礼"的多重意义，再来寻求它们与社会主义核心价值观中的相关条目存在的内在的关联性，就显得具体而又清晰了。具体说来，"礼制"（或说礼法）当与"法治"条目存在某种内在的关联性；"礼仪"当与"文明"条目存在某种内在的关联性；"礼敬"当与"和谐"条目存在某种内在的关联性；"礼别"当与"和谐"条目存在某种内在的关联性。

我们先来说"礼制"与"法治"的关系问题。在上面曾特别强调过，"礼"虽然是规范，但它是一种社会习俗，是一种习惯成自然的"法"。简单地说，儒家所宣扬的"礼制"或说"礼法"（被称为习惯成自然的法，即社会习俗）是与法家所宣扬的"刑法"意义的"法"完全不是一个概念框架的问题，所以它们所表征的价值和意义自然是完全不一样的。也正是从这个意义上说，社会主义核心价值观中的"法治"思想不应从法家思想中去寻求根据，而应是从儒家的"礼法"中去寻求。这里实际上又存在反过来如何正确理解现代意义的"法治"思想的问题。也就是说，现代意义上的"法治"当有个超越单纯刑法的意义的问题，其中包含着平等权利等意义。

文明往往与礼貌相连而形成"文明礼貌"概念。文明往往与和谐相连而形成"文明和谐"概念。这里实际上存在着非常强的关联性。有礼才有文明,有文明才有和谐,所以有礼才有和谐。更为重要的是,"礼仪"都暗含着人性所特有的道德和对生命的敬畏。诚如《礼记·郊特牲》中所指出的那样:"无别无义,禽兽之道也。"文明的概念始终是与"人"和"人文"概念紧密相连的,而如若是非"人"和非"人文"的,那就是"禽兽之道也",从而那就是非文明的野蛮者也。

从我们对"礼"的全面论述中,可以清楚地认识到,礼仪文明、礼乐文明、礼义文明无不关乎一个国家、一个民族的气度和气象,而礼敬、礼让、礼谦、礼卑又无不关乎一个人的修养和品行。由"礼"而反映出来的"让",已然构成了中国传统文化的价值观。这一价值观是以体现人性之良善而建立起来的,这一价值观是以实现社会之和谐文明而建立起来的。总之,一个国要立需要知礼,一个人要立需要知礼。"不知礼,无以立也"(《论语·尧曰》),此之谓也!

第四节 中华传统优秀美德之智

在儒家"仁义礼智信"五常里,当属"智"最不易理解和把握。

其原因就在于,它不像其他四常("仁义礼信")那样意思明确。从字面上不易能直接得出它的意思,相反,如果按字面意思来理解,恰恰会对"智"得出错误的结论。具体说来,"仁"可与"爱"相联构成"仁爱","义"可与"正"相联构成"正义","礼"可与"敬"相联构成"礼敬","信"可与"诚"相联构成"诚信",唯独"智"做不到。如果你将"智"与"慧"相联而构成"智慧"一词,那么,却无法确切显出我们说的"智"之本义。换个方式说,你可以选择用"仁义礼信"任何一个或几个德目来概括中华传统文化的核心价值观。

例如，你可以说是"仁"，可以说是"信"，可以说是"仁义"，可以说是"仁礼"，当然也可以说是"礼义"，但你却不能说是"智"。道理十分明了，你不可以将知识和智慧当成一个民族的核心价值观来认识和践行。

一、五常中的"智"不是指聪明、智慧和知识

过去许多学者在论述"智"的时候，往往首先会指出古人的一个观点，即认为在中国古代"知"与"智"相通，并以《说文解字》和有关《说文》注来加以证明。再者，还会引孔子的"知者不惑，仁者不忧，勇者不惧"（《论语·子罕》）；"知者乐水，仁者乐山。知者动，仁者静。知者乐，仁者寿"（《论语·雍也》）来加强这种认识。然而，值得强调指出的是，所有这些都只是在表达聪明、智慧意义上证明"智"与"知"是相通的，但不能以此证明五常中的"智"也与"知"相通。此处之"知"，也可被理解为"智"。此"智"更多的是从聪明智慧意义上而显其义的。具体说来，三达德中的"智"是用来规范"仁"和"勇"的，因而也就具有了方法论意义。具体说来，当一个人在行"仁"的时候，需要注意方式方法的。通俗地说，好心未必一定就能办成好事，或者说好心未必能办成好事。为什么老百姓喜欢说，好心办坏事呢？关键原因就在于，这个人在办事时没有注意运用一定的智慧，没有理性地分析，没有方法的介入，没有因时、因势、因地、因人的权宜之计，仅凭出发点好和动机好，其他什么都不管了，其往往都不会达到什么好效果。由此看来，智慧的运用在"三达德"中是不可或缺的。同样，一定的智慧对于规范和引导勇气亦是必不可少的。有智慧的勇气才能算作真勇气，有勇气的智慧才能算作真智慧。"有勇有谋""智勇双全"，此之谓也。无谋之勇，只能算作匹夫之勇。无勇之谋，只能算作巧舌之智。方法之智，

谋略之智，乃是知识和理性的表现和运用。当然，我们还可以从更高、更广的角度来理解这样一个"智"，即可上升到"究天人之际，通古今之变""判天地之美，析万物之理"等大智慧上，此"智"显然已不是简单的知识了，上面提到的孔子所谓的"智"，其实都具有了此种意义和境界。然而，即便如此，它们也不是"五常"中之"智"所要表征的本质内涵和真实意义。简言之"五常"以外的知或智，不管是在何种意义和境界上使用的，它都与"五常"中的"智"不是一个概念框架。正因为如此，对"智"的讨论，就不能像先前论仁、论义、论礼时，在字源上，字的本义上，山东省邹城市孟庙亚圣府字的古义上来对"智"作一番考证和辨析。

例如，你在解释"智"的时候，首先告诉大家，智亦作"知"，引《说文》段注以证明之："此与矢部知音义皆同，故二字多通用"。《释名·释言语》："智，知也，无所不知也。"而《说文》对"知"这样解释："知，词也。从口，从矢。"徐锴系传："凡知理之速，如矢之疾也，会意。"通俗地说，通过识物辨物后经人口像放箭一样将所知之理快速传出去，这就是"知"，但上述对"智""知"的诠释，全然与仁、义、礼、智、信之五常中的"智"无涉。

二、五常中的"智"既是良能，又是良知

按照孟子的解释，所谓"良能"就是"人之所不学而能者"，通俗地说，就是人天生的一种潜能。所谓"良知"就是"人之所不虑而知者"，通俗地说，就是人天生的一种判断力。被称为人天生的一种潜能的"良能"，在儒家思想中是专门指人的"向善之能"，或说是人的"向善的秉性""向善的倾向"。这种能力姑且名之为"智能"。这一"智能"具体就表现为孟子所说的"恻隐""羞恶""辞让"以及由此生成出的"仁""义""礼"这些向善的道德能力，到了汉代又增加了"信"这

一向善的道德能力。被称为人天生的一种判断力的"良知",在儒家思想中专门指的是人的"知是非之能"。这种能力姑且名之为"智力"。这一"智力"具体就表现为孟子所说的能够判断出是非、善恶、美丑的心力。概而言之,五常中讲的"智",是专指人之根性的心性所具有的"智能"与"智力",而这种"能力"的"智"是在判断道德上的"是非"呈现出它的功能,换句话说,这种"能力"的"智"不是指用来判断、分析和综合事物属性的知性和理性。

具体说来,由"向善之心"外现的仁、义、礼、信诸德,能否真正得到本来意义上的呈现和实行,那是需要一种存在来给予判断的。

"智"本身就具备"判分"道德上的是非的原始能力。值得强调指出的是,一旦经过"智"鉴别和判分的"是",就必然成为超越时空的"是",或称为绝对的是。

所谓"绝对的是"就是无论何时何地它都是正确的,也即成为永恒不变的"原则"了。它不会因为时空不同而有所改变或增减,从而最终成为判断、衡量一切是非、善恶、美丑的"总尺子"。在哲学上这被称作"大肯定"。而这一"大肯定"正是"智"的最大能力。所以这种"智能""智力"当然不是指理性之知的能力了,而是人之为人所独具的那种精神、心理、德行等呈现和发挥的能力。正是它才构成了人之为人的根据,也正是有它才使仁、义、礼、信四德充分且正当地展开。

三、五常中的"智"就是良心、明德、至善

儒家哲学一个很大的特点就是,它非常重视对人性之源的探讨。《中庸》开篇就说:"天命之谓性。"认为人性之源是外在的天地自然。所以,儒家的理论的用功处即集中表现在如何使这一天(自然)赋予人的光明之德行呈现出来。这就是《大学》为什么开篇就说:"大学之道,在明明德"的原因之所在。

所谓"明明德",就是光明、呈明人之为人的光明德行。

"智"是表征人之为人的根性的一个范畴,它相当于《大学》中的"止于至善"的"至善"范畴。它与"至善"一起,充当着人的根本属性的"角色"。它们是指人天生的一种无善无恶的自然状态,是超越时空的性德。所以说这一性德的"智"又被称为"良知良能",其合称为"良心"。唯其如此,它们也才有资格充当了判断一切时空内所产生的是非、善恶、美丑、好坏、对错。正是在这个意义上,才有了孟子的那句话:"是非之心,智之端也。""智""至善""良心"具有判断和裁决一切时空、一切社会、一切事情之"是非"的最终权力和能力。

"善"是其他四常("仁义礼信")的基础性和本根性的存在。换句话说,只有有了"良心",才能具体呈现为其他诸德。良心具体表现形式就是仁义礼信也。第一,"仁义礼智信"都是"先天"的存在。当然在孟子那里只说了前四个。他说:"仁义礼智之心,非由外铄我也。"但这里起统摄作用的应是"智"。第二,尽管"仁礼信"都是本乎或说法乎"天"的,例如"天地之大德曰生"(《周易》语),生道即仁道;"诚者,天之道也"(《孟子·离娄上》《中庸》语),"礼本乎天"(《荀子·礼论》语),义与智二常,没有找到直接与"天道"相联的原话,但并不表明"智"不是最基础的存在的这一定性。第三,谓"仁"是全体,谓"信"是实,但这并不能改变"智"的最后根源的性质。当然你可以说,没有仁爱的义不是真义,没有仁爱的礼不是真礼,没有仁爱的信不是真信。同样你也可以说,不诚信的仁不是真爱,不诚信的义不是真义,不诚信的礼不是真敬,但所有这些只是表明"仁之全体"与"信者,实也"的意义,但如果说哪一个能起到最终判断"真假"的,即"是非"的作用的话,那当推"智"矣。所以朱熹既说:"智则仁之分别也","智则是个分别是非底道理"。需要特别提醒和强调的是，不能仅仅将"智"视为对"仁"与"非仁"的分别和判断，而且要将"智"视为是对其他几德的分别和判断。具体说来，是对"义"与"非义"，"礼"与"非礼"，"信"与"非信"的总分别和判断。由此可以得出结论："智"是总根源，是总方向。它保证着"仁义礼信"四德能按"正确方向"呈现和彰显。通俗地说，有了"智"，其他诸德就不会偏离方向了！

综上所述，"智"在五常中的地位和性质是极其特殊的，它既扮演了人性总根源的角色，又承担了总裁判的角色。由它判定的仁、义、礼、信，才能够被称作真仁、真义、真礼、真信。反之，经它判定后可以分清那些虚假的仁、义、礼、信，即假仁假义，虚礼虚信，而这些又可统称为"伪善"。也就是说，我们常说的某人伪善，实际上是指此人在仁、义、礼、信等德行上都是虚假的。而之所以能够发现它是伪善，正是"智"在发挥着直接作用呢！

四、"智"与"善"不具备特定的道德属性

从上面的分析中我们可以发现这样一种情况，在儒家思想体系中，"智"与"善"这两个概念都不能单独成为道德的德目。也就是说，它们本身并不具备特定的道德属性。它们的功能和作用乃是在具显道德和判断是否道德上。具体地说，什么叫"智"的行为，那就是符合仁、义、礼、信诸德的行为。同理，什么叫"善"的行为，那就是符合仁、义、礼、信诸德的行为。反之，不智不善的行为，那就是不符合仁、义、礼、信诸德的行为。总之，符合"智""至善"所规定和判定的"是善美"，那才能被确定为"是善美"；符合"智""至善"所规定和判定的"非恶丑"，那才能被确定为"非恶丑"。具体地说，只有当你做到了仁之爱人、义之利人、礼之敬人、信之诚人的时候，那就称为"是善美"；而你如果恨人、害人、骂人、骗人的话，那就称为"非恶丑"。

"智"就是良能良知,这表明"智"是其他"仁义礼信"四德的基础性存在!有了这一基础性的存在,才能保证在生活的实践中去真正落实和实行"仁义礼信"。这也就是孟子所说的"是非之心,智也"真正的意义之所在。也就是说,此"智"是用来判断是非善恶的根据。孟子是在向人们说明一个道理,一个人是否行"仁义礼信",是要靠一种更根本的存在加以判断和区分才可以完成和实现的。"仁义礼信"四德本身不具备这种能力,或者说,它们不是属于能力的范畴。而只有"智"具备了明辨是非、区分善恶、保障依仁行义遵礼守信这些道德的能力。由此可见,虽然"智"不能单独成为一种道德行为,但是它却承担了其他四德实行的基础性重任。所以孟子才给"智"作出如下的定性和定位。孟子说:"仁之实,事亲是也。义之实,从兄是也。智之实,智斯二者弗去是也"(《孟子·离娄下》)。意思是说,智的本质正是在于能保证"仁义"二德的不离不去,也就是真正实行"仁义"二德。关于这一点,我们还可以从古代和现代学者对五常的定位中得到有力的证明。汉儒有以五方来合配五常的理论。具体说来,他们是以"东、南、西、北"四方来分别合配"仁义礼信"四德,以"智"居中央。由此可见,他们是在强调,"智"是中心,"智"是使"仁义礼信"四德成为人之道德的基础和能力。现代著名学者熊十力也曾明确指出:"智与知识有分,此一主张在中国古学中确是中心问题所在之处,每一宗派的哲学,其各方面的思想与理论都要通过这个中心问题而出发,仍须还到这个中心来。"从上述两则材料中,我们可以清楚地看到,"智"在五常中,甚至在整个中国传统文化中的独特意义。

第五节 中华传统优秀美德之信

作为五常最后一常的"信",无论在中华传统文化中,还是

第三章　中华传统优秀美德之仁义礼智信

在现实社会中,无论是就个人,还是就社会,抑或就国家和天下,可能没有比诚信更受到重视的道德德目了。每一位中国人都会说,诚信是中华传统美德,是一种高尚的思想品行。做人要诚实,不要说谎,可能是每一个孩童最早受到的品行教育。人无信不立,业无信不兴,国无信不宁,可能是许多人懂得的道德信条。"言必信,行必果",可能是许多中国人最知晓的古训之一。而"一诺千金""一言为定""一言既出,驷马难追",可能是许多中国人最熟悉和最常用的成语。正因为如此,"信"成为传统与现代都十分推崇的价值观。"仁义礼智信"五常有它,"恭宽信敏惠"五德有它,"孝悌忠信礼义廉耻"旧八德有它,"忠孝仁爱信义和平"新八德有它,习近平同志对中华传统文化概括的"讲仁爱,重民本,守诚信,崇正义,尚和合,求大同"六句话中有它,"富强、民主、文明、和谐,自由、平等、公正、法治,爱国、敬业、诚信、友善"之社会主义核心价值观有它。在24个字的社会主义核心价值观中,唯有"诚信"在儒家的五常中能找到直接对应的概念。

一、释信

《说文解字》说:"信,诚也。从人,从言。"这是说,信就是诚,诚就是信,可见,"信""诚"可以互相解释,所以"诚信"相连而被广泛使用,而人要言而有信,更是人人皆知。《字汇·人部》说:"信,懿实也……不差爽也。""愨(音确),诚实也;不差爽,不差错也,亦诚实也。"又说:"信,不疑也。"孔颖达疏:"信,不欺也。"所以,如果从正面来说,信的本义就是真诚、真实;如果从反面来说,信的本义就是不虚、不妄、不假、不疑、不欺。合而言之,诚信的意思就是诚实与不欺。

二、《论语》论信

正是在人言而由衷、诚实不欺的本义上,"信"作为一个道德行为受到儒家的至圣孔子和亚圣孟子的高度重视。孔子将"信"作为他教育学生的四个方面内容之一。《论语·述而》记载："子以四教：文、行、忠、信。"正因为如此，当我们翻开《论语》首篇，就可以看到大量论述"信"的内容。《论语·学而第四》："曾子曰：吾日三省吾身：为人谋而不忠乎？与朋友交而不信乎？传不习乎？"；《学而第五》："子曰：道千乘之国，敬事而信，节用而爱人，使民以时"；《学而第六》："子曰：弟子入则孝，出则弟，谨而信，泛爱众，而亲仁。行有余力，则以学文"；《学而第七》："子夏曰……与朋友交，言而有信"；《学而第八》："子曰……主忠信，毋友不如己者，过则勿惮改"；《学而第十三》："有子曰：信近于义，言可复也"。在一曾子杀猪篇中竟如此集中地谈论"信"，足以证明孔子及其弟子对"信"是极其看重的。所以当弟子向孔子问为政之道时，孔子是将"信"作为最重要的不可或缺的一点加以肯定。《论语·颜渊第十二》：子贡问政。子曰："足食，足兵，民信之矣。"子贡曰："必不得已而去，于斯三者何先？"曰："去兵。"子贡曰："必不得已而去，于斯二者何先？"曰："去食。自古皆有死，民无信不立。"也就是说，在孔子看来，治理政事要做到三点：粮食充足，军备充足和取信于民。子贡问，如果迫不得已在食、兵和信三者之中一定要去掉一项，先去掉哪一项？孔子意见是去掉军备。子贡又问，如果迫不得已在食和信两者之中一定要去掉一项，先去掉哪一项？孔子意见是去掉粮食。其结论是，如果国家政府不能取信于民的话，那么国家是站立不起来的。对于国家是如此，对于一个人也如此。"子曰：人而无信，不知其可也"（《论语·为政第二十二》）。

三、《孟子》论信

在孟子的思想中，并未将"信"纳入论证人之为人的诸种"心"中，只提到由恻隐之心、羞恶之心、恭敬之心、是非之心而产生的仁、义、礼、智四德,而没有论及"信"德,但这并不表明孟子不重视"信"德。实际的情况恰恰相反,孟子非常重视"信"德的建构。一个最重要的论据就是,孟子是站在一个更高的境界来看待"信"的。换句话说,孟子是站在"天"的高度来谈论"信"的。孟子说:"有天爵者,有人爵者。仁义忠信,乐善不倦,此天爵也;公卿大夫,此人爵也"(《孟子·告子上》)。孟子是想告诉人们,仁义忠信,不知疲倦地好善,这是自然爵位;公卿大夫,这是社会爵位。也就是说,先天的仁义忠信诸德以及后天人们对诸善德的追求构成了人的自然本性。一个人只有具备了这一天性,才会有社会的成就。孟子最担忧的是人将天爵与人爵脱离开来。如果一个人当了官,就把仁义忠信以及乐于为善的人之本性给丢掉了,那还谈什么为官为士呢?由此可见,孟子是将"信"与仁、义、忠并称"四德"而加以热忱追求的。孟子言"信"有两个特点,一是以"诚"释"信",二是视诚信为天的本质。如此,孟子就将"诚信"的问题上升到哲学的本体论层面了。也就是说,孟子将人言为信、以言语取信于人的"信",即"从人,从言"之"信"德上升到"天人合德""止于至善"的高度。孟子说:"诚身有道,不明乎善,不诚其身矣。是故诚者,天之道也;思诚者,人之道也。全诚而不动者,未之有也。不诚,未有能动者也"(《孟子·离娄上》)这里,孟子是将"诚信"问题提升到天道的高度加以认识,明确指出"诚"乃是天的本质属性。另外,他还将诚信与明善紧密联系在一起,从而来加深诚信的本体意义、情感意义和实践意义。也就是说,孟子直接将心诚身诚与人之性善、人之真实情感以及行善联系在一起。如此就大大增添了诚信在孟子思想中的地位。也正是如此,使我们只有进入到一个更高的境界去认识"信"的问题才会揭示出其更深层的意义和价值。诚信问题不能仅仅从人言为信的层次上来把握,更不能将守信问题只是与纯粹的利益而挂钩,而应充分呈现它的绝对性和神圣性的一面。因为在孟子看来，诚信是一种向善之心、向善之力、向善之情。

正是因为先秦儒家的两大代表人物都是如此重视"信"，所以传承和发展儒家为使命的汉代儒学，始终将"信"与"仁义礼智"融为一体并统称其为"五常"，自此以后，"仁义礼智信"就成为整个儒家思想的核心价值观而且影响了中国传统社会几千年。

四、信仰层面的"信"

作为"四书"之一的《中庸》非常重视对"诚"德的高扬。《中庸》也主张"诚者，天之道也"，并进而认为，"唯天下至诚……则可以赞天地之化育。可赞天地之化育，则可以与天地参矣"。意思是说，唯有天下极端真诚本性呈现和发挥出来，才可以帮助天地培育万物。能帮助天地培育万物，就可以与天地并列合一了。对诚信的坚守与践行，那是兑现对神圣天道的承诺。也就是说，讲诚信、行诚信这是在完成天地赋予人的神圣使命呢！北宋著名思想家张载的"为天地立心"名言，即要求士者为天地确立和完成"她"交给人类的至诚天命。可见，在儒家那里，诚信的问题不仅仅是关于人的品格和德行的信实之意了，而是关乎"与天地合其德"的人的自身存在意义的信仰问题了。换言之，守信与否已经不是简单地与利益相关的问题。例如，人们喜欢这样说，如果你不诚信的话将会给你的事业带来什么样的损失，造成什么样的危害，以此规劝人们要讲诚信。而信仰意义上的诚信则是超越了这些功利的考量，它只是视坚守诚信是"为天地立心""替天行道""与天地合其德"以及实现人生的价值和意义。

五、"信"在五常中的作用

"信即诚也，诚即信也"，其本旨即在"真实不虚"。正是取得了此义，所以"诚信"才被视为五常之本、百行之源。北宋思想家周敦颐说："诚，五常之本，百行之源……五常百行，非诚非也"（《通书·诚》）。简单地说，"仁义礼智信"五常要显其性，那前提只能是一个"真"字。即保障真仁、真义、真礼、真智、真信。也正是基于这一点，朱熹才会说："如仁、义、礼、智，皆真实而无妄者也。故'信'字更不须说。"可见，"信"在五常中是处于基础地位的。换句话说，如果没有以真实为本质属性的"信"的存在，那么，仁义就有可能变成虚仁假义，礼智就有可能变成虚礼妄智。更直接地说，如果没有诚信的存在，其他诸常诸行都会变质变味的，从而就失去了其应有的意义和价值。

六、大信与小信

论"信"一定要说清楚"大信"与"小信"的关系问题。所谓的"大信"是指符合"道义"的信。"小信"则相反。这个问题实际上是关乎诚信的所应遵循的最高原则问题。孔子说："君子贞而不谅。"《论语·卫灵公》，言行抱一谓之贞，也可称之为"大信"，固执而不知道变通谓之谅，也可称之为"小信"。这句话的意思是，君子讲大信，却不讲小信。孔子强调，作为一个君子只要是坚守正道的，就不必讲什么小信。基于同样的道理，孔子又说："言必信，行必果，硁硁然小人哉"（《论语·子路》），硁（坑 keng）硁，粗浅固执。这句话翻译成现代汉语就是说，言语一定信实，行为一定坚决，这是不问是非黑白而只管自己贯彻言行的浅薄固执的小人的行径呀！可见，孔子是将"言必信，行必果"的行为视为是小人之举而加以否定的。为何如此呢？"要害是其中的两个'必'字，也就是说，这种人以言行自专，一点商量和变通的余地都没有。孔子主张读书人先要明理，思想意识不要偏执、固化，要懂得通权达变的道理"（参见蒋沛昌《论语今读》中央广播电视大学出版社 2009 年版）。亚圣孟子更是直接指出："大人者，言不必信，行不必果，惟义所在。"（《孟子·离娄上》）。孔子与孟子在论述诚信时非常值得注意的是他们都共同强调了诚信的前提与条件。在他们看来，讲诚信的前提条件，或说最高原则乃是"道""义"。他们是想告诉人们，如果诺言违背了道义原则或者遵循诺言将导致不道德和有害的后果时，这样的守信是不具有社会的积极意义和正面价值的，从而是不应该提倡的。

符合道义的信是大信，不符合道义的信是小信。我们在现实社会中就是要让人们在道义的统摄下讲诚信、守大信，如此才能培养出更多的君子，如此才能远离危害，才能道义大行。在这里不妨举两个例子来加以说明。可能许多人都知道网传甚广的《英国儿童十大宣言》，其中第九条是"不保守坏人的秘密"，具体说道："面对侵害不遵守诺言的权利。告诉儿童，即便他曾发誓不告诉别人，但遇到坏人欺负一定要告诉家长，这些秘密千万不要埋藏在心里。"第十条是"坏人可以骗"，具体说道："对坏人可以不讲真话的权利。遇到坏人，可以不讲真话，机智应对，才是好孩子。"可见，这是教育儿童，是否守信，是否说谎，要看具体情况，遵循的原则正是"惟义所在"。

2015 年 3 月 6 日的《报刊文摘》刊登一篇题为《小学班主任的反思：我是怎样劝小学生作假的》文章，文章说了这样一件事，说是一位班主任让小学生们填写一份调查表，其中让学生填写的选项与事实有些出入，但为了学校的荣誉，这位老师说服孩子们都选择了"很好""很多"的一栏。这时有位学生向老师提出了问题："老师，这个问卷不是要我们如实填写吗？如果我们选'很好''很多'，不是要我们撒谎和作弊吗？"你看，问题就这样来了。孩子在想，一向要求诚实的老师，一旦面对真正的问题，就要求学生一起弄虚作假。如何消除孩子们的困惑，更重要的是树立他们正确的人生观和价值观，这显得很重要。文章中老师这样说道："'我们维护自己家里的妈妈，

第三章　中华传统优秀美德之仁义礼智信

不把自己妈妈不好的那一面告诉别人；不要在外人面前揭露她的短处、暴露她的不足。这样做不是要大家联合起来撒谎，也不是造假，这是因为爱……'孩子们认真地听着，也认真地思考着，渐渐地，他们脸上的疑惑消失了。"这则故事想告诉我们的就是，在讲诚信和不撒谎的时候，实际上始终有个更高的原则在支配着，那就是"道义"，那就是"大信"，上述故事中所说的那就是"爱"。

实际上在这些故事中所涉及的"大信"与"小信"，"大义"与"小义"的关系问题，而如何认识和处理好这些关系问题，那是应该对中华传统文化也十分重视的"经"与"权"的问题进行讨论。《公羊传》云："权者反于经，然后有善者也。"这是说明权者与变通表现似乎与经的原则不一致，甚至违反了经的要求，实质上却是真正遵守了道德原则，完成了经的使命，达到了人性善的目的。"义"的最大理论价值就是妥善应对了经与权的矛盾，在社会伦理道德领域实现了普遍性与特殊性、绝对性与相对性的统一。一般而言，"经"是指伦理道德的主体品格，强调道德原则的普遍性和绝对性；权是道德价值的具体运用，可以灵活掌握，变通对待。权的变通并不能离开经的原则，而是更好地实践经的原则。"经"即恒常之道，以"不变"为其特征；"权"即变化之道，以"变"为其特征。所谓"变"表现的形式以及体现出的"理念"一定与"经"是不一样的。但要学会从"不一样"中提升去看到"权"与"经"在根本精神上的一致性。这才叫"经权"的对立统一性。

孔子和孟子在对待"诚信"时为什么那么反对不知变通的"硁硁"和"不谅"的言行。孟子更直接指出，"言不必信，行不必果，惟义所在"。在这里实际上还是在强调"义"的应当性和适当性。我们从"义"的这"两当性"，其实也能品味出"经"与"权"的统一性的意义。具体说来，"应当性"讲的就是"经"的问题；"适当性"讲的就是"权"的问题。儒家也正是利用"义"德的这一经权的对立统一性功能来规定和丰富其他诸德灵活地得到贯彻执行呢！仁爱要适当，否则就会变为无原则和不恰当的溺爱；礼敬要适当，否则就会变为无原则和不恰当的虚伪；诚信要适当，否则就会变为无原则和不恰当的小信。

尽管我们在坚守道义与变通达权的意义上阐述了"守信"的特殊性，但是，对于"信"义所蕴含的具有普遍性的最基本和最核心的那些本质属性，即所有具有道德意味与信仰意义的诚信，于民，于国，于天下，都是不可或缺和必须奉行的价值理念。

七、信与社会主义核心价值观

大家知道，社会主义核心价值观中唯有"诚信"一目与中华传统美德的"信"德完全对应，而其他诸德都没这么明显，而是需要通过某些转化性的研究才能对接起中华传统美德与社会主义核心价值观之间的内在关联性。从理论上说，中华传统的"信"德，谈的是"天德"，"天人合德"以及现实规范之德。这是它的特点，只有全面了解了这三个方面或说层次的"信"，才能准确理解和把握"信"的精神实质。"信"也即"诚"，这是天地自然的本质性规定，也即客观规律性，中国哲学称之为"天之道"。换句话说，天的规律是诚信的。正因为如此，中国传统文化中的诚信思想，尤其是思孟的诚信论就具有了上述特色。"诚者，天之道也"，它集中体现出中国传统文化中的诚信思想是站在天道的高度来加以论述的。其中的绝对性和神圣性是不言而喻的。这一观念和思维方法又被宋代的周敦颐发展到新的高度。他将"诚"视为五行之源。张载又从天人合一的高度去解释了《中庸》的思想，其主旨仍然是强调"诚信"的作用，即从"诚明"与"明诚"的角度去建立"天人合一"的这一概念。这里需要引起注意的是，"天人合一"的这一

第三章　中华传统优秀美德之仁义礼智信

概念是张载第一次明确提出的,而这一表征中华传统文化的思维方式则又是通过"诚明"与"明诚"中得出的。

而人奉行这一诚信之道去待人做事,具体做到言行一致、表里如一,这是天道之本然。人超越于动物就在于能够基于"天道之本然"而建构"人道之当然"的意义世界。诚信是意义世界的价值原则,本身是目的,具有义理性。在中国传统哲学中将这一思想称为"天人合德""人道法天"。由此可见,中华传统美德中所宣扬的"诚信"始终具有它的本体意义和价值意义。换句话说,它更多的不是诉诸现实功利及后果论意义上的利益得失。

在进行社会主义核心价值观的"诚信"一德的宣传中,应该注意到从信仰的高度去认知它,而不能从现实的功利和后果的利益上去宣扬这种价值观。当然,除此之外,也注意到诚信的现代性的强调,即法制的加入。使传统与现代在"诚信"上得到很好的融通。实际上这关系到"制度建设"与"心性建设"和"天道悬设"的关系问题。"天道"也关系到信仰与敬畏的问题。通俗地说,就是"文化"与"制度"二者要很好融通互促。现实功利的"诚信"更多地需要"制度"的保证。让那些不诚信的人和事受到法律应有的惩罚。在提倡天道、本体、意义层次的诚信时,更要注重对人的心性之天良的开启。也要发扬中国传统文化中的"天人合德"的思维方式,按照孟子的"尽其心,知其性而知天"的逻辑进程去宣扬"诚信"观。从社会主义核心价值观中找出与中国传统文化中的德目,并能引出信仰和敬畏因素的,"诚信"倒是一个。也可以将"诚信"一德从人与动物的区别性来谈论。也就是说,从人性的高度去深入阐述"诚信"观的价值之所在。因为道理也很简单,只有人可以认识"天道"。用张载的话说,也只有人才能"为天地立心"。"思诚者,人之道也",此之谓。所以,应该很好地挖掘,很好地贯通,很好地运用。这也是"论信"的最大意义之所在。

第四章　中华传统优秀美德之节操

这里所说的节操，是指气节与操守。所谓操守，是指人平时的行为、品德。所谓气节，是指在敌人或恶势力面前不屈服的品质。崇尚操守，讲究气节，是中国传统道德和理想人格追求的一大特征，因而重操守、讲气节，也是中华民族传统美德之一。

情操作为人的道德素质的一个组成部分，是指人们的道德感情与道德节操、气节等的综合表现。内容涉及如何对待富贵贫穷，如何对待生死祸福，如何对待人己家国等方面；可以说，情操是一个人精神境界的具体表现形式，是一个人的道德品质的外在反映。从肯定的意义上说，高尚的道德情操就是人的优秀品质和崇高境界的表现，所以，陶冶高尚的道德情操，是一个人道德修养的重要方面。

第一节　崇操守重气节

数千年的中华民族历史长河中，在重操守、讲气节的文化传统影响下，涌现出许多可歌可泣、可尊可敬的人物。他们有的舍身求法，勇往直前，置任何艰难险阻于不顾，为追求真理、坚持真理而英勇献身；有的对祖国对人民忠贞不渝，在民族、国家的危亡之际，不畏强暴，慷慨以赴，视死如归。他们或正气凛然，为民请命，面对邪恶奸佞，铁骨铮铮，为了捍卫正义，赴汤蹈火，义不容辞；或富贵不淫，贫贱不移，不为高官厚禄、金钱美女所诱惑，这些人在穷苦危难之时，不为所困，思不离

第四章　中华传统优秀美德之节操

道，行不失义，始终保持坚贞的节操。他们或玉洁冰清、一尘不染，即使生于无道乱世，处于人欲横流的污淖之中，也能如青莲一般出污泥而不染，不与邪恶势力同流合污；或光明磊落，襟怀坦荡，在是与非、真与假、美与丑、善与恶的斗争漩涡中，态度鲜明，敢于坚持自己的观点，对上不阿，对下不欺，以诚相待，笃守信义。对自己则严格要求，不骄不躁，谦虚谨慎，闻过则喜，从善如流。具有这种操守气节的人，对民族的独立、国家的富强，对人民的团结、世俗的匡正、正气的弘扬，都起了重要的作用。

正因为如此，在中华民族的历史上，留下了许许多多教导人们培养高尚情操、保持高尚情操及歌颂高风亮节的千古名句。如，关于为人刚直不阿方面的有："柔亦不茹，刚亦不吐"（对柔弱者不欺侮，对强者不屈服）；"贞刚自有质，玉石乃非坚"（自有贞刚之本性，比玉石还要坚贞）；"直如朱丝绳，清如玉壶冰"（像琴上的朱丝绳弦一样正直，像装在玉壶中的冰块一样洁白无瑕）；"死犹未肯输心去，贫亦其能奈我何"（死也不能让我屈服，贫困也拿我没办法），等等。关于保持节操方面的有："不食嗟来之食"（不要带侮辱性的施舍）；"富贵不能淫，贫贱不能移，威武不能屈"（富贵面前不能乱了方寸，贫贱面前不能改变节操，威武面前不能屈服）；"安能以皓皓之白，而蒙世俗之尘埃"（怎能让世俗的灰尘玷污洁白的身心）；"丹可磨而不可夺其色，兰可燔而不可灭其馨，玉可碎而不可改其白，金可销而不可易其刚"（朱砂可以研磨但不可能夺去它的红色，香草可以焚烧而不能消除它的芳香，玉可以打碎而不能改变它的质地，金可以熔化而不能改变其刚性）；"疾风知劲草"；"宁可玉碎，不能瓦全"；"临时守节"（关键时刻要能保持节操）；"豪杰之士，必有过人之节"（豪杰之士，必有超过一般人的节操）；"千锤万击出深山，烈火焚烧若等闲。粉身碎骨全不怕，要留清白在人间"（以石灰喻人节操）；"咬定青山不放松，立根原在破岩中。千磨万击还坚劲，任尔东西南北风"。关于舍生取义方面的有："见义勇为，不计祸福"；"人生自古谁无死，留取丹心照汗青"，等等。

中华民族传统的操守观，大致在春秋战国时期即全面形成。这一时期，正是中国社会新旧交替的大变革时期，各种矛盾尖锐，社会动荡不安，战争绵延不断。在这种大背景下，一些人既胸怀大志有坚定的信仰，又具有独立的人格，保持那种在当时看来是高尚的节操和忠贞。他们大都死守其"道"，把"道"也就是理想等看得高于一切，就像孔子说的那样，"君子谋道不谋食""君子忧道不忧贫"。为了实现自己的理想抱负，他们或周游列国，向王侯将相陈述自己的政治主张，不惮辛劳，甚至牺牲性命也在所不辞；或"食无求饱，居无求安"，在艰苦的生活条件下刻苦学习各种本领；或为献身某项事业忠贞不渝。那些以身殉道、宁折不弯、安贫守志、高洁自持之士，受到人们的尊重与敬仰，因而被记载在各种文献上。如介之推，在晋献公之子重耳出奔流亡国外之时，大力辅佐重耳，建有奇功。后重耳即位（晋文公），赏赐随从臣属。介之推不屑与那些贪天之功为己有的人共事，便和母亲隐居在绵上（今山西介休东南）山中。传说晋文公为了逼他出来，遂放火烧山，介之推宁被烧死，也不屈就。再如王禹偁，他是北宋著名的学者，以刚直不阿、敢于直谏而出名。他曾因秉公执法、直言进谏等原因被三次贬官，虽然经历了三次不小的打击，但他并没有因此而灰心丧气。他在《三黜赋》中明确写道："屈于身兮不屈其道，任百谪而何亏！"意思是说：哪怕你们贬我一百次，我也将永葆正直和仁义的操守，矢志不渝。此类事例，不胜枚举。

中华民族重气节、崇操守的传统，几千年来，作为人的思想品质的追求和培养得到大力提倡，以先贤的名节风范为楷模，以正义凛然、舍生取义相标榜，"穷则独善其身，达则兼济天下"，从一个人的品格作风，直到整个社会道德习尚，都体现着这种精神、它表现出对于人格、国格的自尊、自爱与自强，浩然正气充满其间。

在历史上，这种精神，首先体现在重视个人思想品德的树立之上。孔夫子的弟子颜回，安贫乐道，身居陋巷，生活俭朴。孔夫子问他，你如此家贫居卑，为什么不去做官呀？颜回说，我有几十亩土地，可以种粮种麻植桑，有饭吃有衣穿了，又能向夫子您学习，听您讲学，很知足了，何必要当官呢！这是说，要养成好的思想品德，应耐得住清贫与寂寞。

屈原被陷害放逐，在江边披发行吟，颜色憔悴，形容枯槁。渔夫见了问他，您不是三闾大夫吗？怎么落到这个地步？屈原回答说：举世混浊而我独清，众人皆醉而我独醒，所以我才被流放。渔夫说，既然如此，那您何不随其流而扬其波呢？屈原答曰：我宁可跳入滚滚的江流之中葬身于鱼腹，也不愿玷污了我一生的清白！这表达了屈原的高洁与忠贞。

汉魏两晋时期，一些高士、隐士，洁身自好，砥砺风节，处无道之世而不同流合污，不助纣为虐，或处乱世也不避祸保身。东晋大诗人陶渊明，曾任江州祭酒、镇军参军、彭泽县（今江西湖口东）令等职。因不满当时士族地主把持政权的黑暗现实，决心去职归隐。尽管后人可从不同的角度给陶渊明各种各样的不同的或相反的评价，但他那悠然自得，向往自由，不辞贫贱，刚直不阿的个性和形象，已深植于中华民族精神之中。"不为五斗米折腰"，已演变成为不为世俗之见所左右、不为高官厚禄所动、洁身自好的一种高尚的情操。

第二节　宁为玉碎　不为瓦全

保持节操清白、气节坚贞，维护人格、国格，历来为世人所提倡。"不食嗟来之食""见利不亏其义""见死不更其守""不义而富且贵，于我如浮云"，即为此意。孟子将此概括成三句话:"富贵不能淫,贫贱不能移,威武不能屈",并认为这才是大丈夫之浩然之气。当然,要保持这种高尚的节操,是要付出代价的。这个代价有时非常沉重,直至要献出宝贵的生命。历代的仁人志士,在正义与邪恶面前,在真善美与假恶丑的分辨与斗争中,表现出水火冰炭不相容、爱憎分明的坚定立场。他们不计得失、不顾荣辱,绝无苟合阿容之态,甚至不惜以鲜血和生命来捍卫自己的操守。

传统文化中的保持节操,要求人们保持刚正不阿的精神。春秋时期的晋灵公荒淫无道,晋正卿赵盾屡次对其进行规劝,晋灵公很讨厌他,忌恨他,便派力士鉏魔暗杀赵盾。鉏魔清晨前往赵盾家,时赵盾已穿戴完毕准备上朝,见天色尚早,坐在那里小睡。鉏魔见此状退了出来,感叹地说:"杀了像赵盾这样对朝廷忠心耿耿的人,是不忠;不执行君主的命令,那是不信。既然怎么做都不好,不如死了的好。"于是鉏魔头撞槐树而亡。

唐朝的颜真卿是历史上著名的书法家,更是一位气节高尚的人。唐德宗时期,淮西节度使李希烈起兵造反。唐德宗十分惊慌,派德高望重的颜真卿去劝说李希烈退兵。颜真卿来到许州,劝说李希烈退兵,没想到,叛军一拥而上,将刀剑架在他的脖子上,劝他投降。颜真卿蔑视地看了李希烈一眼,不加理睬。李希烈见这招不灵,就指使士兵挖了一个土坑,扬言要把他活埋了。颜真卿轻蔑地说:"何必玩这花招,把我一刀砍了,岂不痛快。"见吓不倒颜真卿,李希烈又吩咐士兵在院里堆上柴草,浇足了油,点上火,威胁颜真卿说要把他烧死。颜真卿仰天大笑:"这难道就能把我吓倒吗?"说罢,就走向火堆。这时,李希烈还想把他当作人质,和朝廷周旋,因此急忙让手下人拉住颜真卿。第二年,朝廷派兵镇压李希烈,他预感到自己的末日将要来临,就把颜真卿绞死了。颜真卿宁死不屈的故事由此流芳百世。

宋朝的文天祥,在中国是个家喻户晓的有气节的历史人物。

第四章　中华传统优秀美德之节操

1278年，时任右丞相兼枢密使的文天祥在同元军交战中被俘。元军元帅张弘范见文天祥大义凛然，怒目而立，决不屈服，便说：文丞相的为人我一向佩服。但古人云，识时务者为俊杰。时至今日，还希望你三思而行。文天祥对此，鄙夷地一笑了之。张弘范见此便令文天祥写招降书，并用手将佩剑抽出半截威胁道：不写，我可就不客气了！文天祥接过纸笔写成七律一首，这就是流传千古的不朽诗篇《过零丁洋》："辛苦遭逢起一经，干戈寥落四周星。山河破碎风飘絮，身世浮沉雨打萍。惶恐滩头说惶恐，零丁洋里叹零丁。人生自古谁无死，留取丹心照汗青。"古代用来记事的竹简，是用青竹烤去水分做成的。烤时竹子上冒出的水像汗一样，所以古人称竹简为汗青，后用来泛指书籍史册。"留取丹心照汗青"，意思是说将一颗红心留在历史上。文天祥被监禁了三年，誓死不降，并在狱中写了著名的《正气歌》。在他遇害后，人们在其口袋中发现了他写的这样一段话："孔曰成仁，孟曰成义，唯其义尽，所以仁至。读圣贤书，所学何事，而今而后，庶几无愧！"

明朝的方孝孺，惠帝时任侍讲学士。燕王朱棣（即后来的明成祖）起兵攻陷京师（时在南京），令方孝孺起草登极诏书。方孝孺投笔于地，且哭且骂曰："死即死耳，诏不可草。"他慷慨赴死，作绝命辞曰："天降乱离兮孰知其由，奸臣得计兮谋国作犹。忠臣发愤兮血泪交流，以此殉君兮抑又何求……"时年46岁。方死后被灭十族，即九族及方的学生，死者有870多人。方孝孺生前曾写道："可以生、可以死、可以贵、可以贱者，君子也；恶死而慕生，贪富贵而戚贫贱者，小人也。以死为可恶，宁知死有善于生者乎？以贵为可乐，宁知贱有安于贵者乎？君子之于世，视生死富贵如手之俯仰，不以动其意，而一以义裁之。义宜死也，虽假之以百龄之寿，不苟生也；义宜贱也，虽诱之以三公之爵，不苟贵也。"他还说："捐其躯有益于天下，君子所乐为也，而况身不至于死而有益于世教者乎？"剔除其中的愚忠愚孝等不可取的成分，这些汉字语言真可谓掷地有声。

到了近代，资产阶级维新志士和资产阶级革命家们，在救亡图存、振兴中华的斗争中，对节操的认识提高到了一个新的高度。一些志士仁人摆脱了中世纪封建的愚忠愚孝，在反对西方殖民主义侵略的斗争中，在向封建君主专制制度的冲击中，表现出了令人钦佩的可歌可泣的高风亮节。戊戌维新时期的谭嗣同，被捕的前一天，有人劝他东渡日本以避灾祸，谭说：各个国家的变法，没有不经过流血牺牲而成功的。我们今天还没有听说因为变法而流血的，这就是我们的国家之所以不能昌盛的原因所在。现在有了，就从我谭嗣同开始吧！在谈到辛亥英烈时，伟大的资产阶级民主革命先行者孙中山先生说了这样一段话："只要问心无愧，凭真理去做，就是牺牲了，还是很荣耀。像黄花岗的七十二烈士、打死孚琦的温生财，为主义去革命，成仁取义，留名千古，至今谁人不敬仰他们呢……古人说：'死有重于泰山，有轻于鸿毛'。盖人类牺牲的价值，有比生命还要贵重的，就是真理和名誉。七十二烈士和温生财为真理和名誉而死，他们死后的报酬，不只是立纪念的石碑；革命成功，中国富强，全国人民都可以享幸福，那就是他们的大报酬！"

近代一些正直的有骨气的专家学者，在坚持气节方面也给人们树立了光辉的榜样。著名画家徐悲鸿从法国巴黎回到国内后，到上海与田汉等人艰苦地创办艺术学院，进行现实主义的文化革新运动。徐悲鸿此时在国内外已经享有盛名，一些人包括国民党的一些高级军政官员，都渴望得到徐悲鸿的画。徐悲鸿对那些权贵们的要求一一回绝。一次，国民党政府文化运动委员会主任张某某登门拜访徐，请他为蒋介石画一张半身标准相。张说了许多好话，还是被徐悲鸿断然拒绝了。徐说：我是画家，对你们的蒋委员长丝毫没有兴趣。你还是另请高明吧。张某某吃惊地说：给蒋委员长画像你没有兴趣，你对什么有兴趣？徐回答说：我对抗日救国感兴趣，我对人民大众感兴趣。

张说：这么说你肯定不给蒋委员长画像了？徐说：是的，是这样。

张某某说：徐先生，你是才华横溢的大艺术家，我奉劝你还是不要做这样愚蠢的事，免得你以后悔恨。徐悲鸿说：悔恨?! 我只能感到自豪！因为你的座右铭是升官、发财、金钱、美女，而我的座右铭却是人不可有傲气，但不可无傲骨！

1948年6月，著名作家朱自清在一身重病、生活又十分困难的情况下，为支持中国进步学生运动，抗议美国扶助日本的反动政策，宁可饿死，也拒绝领取美国面粉，于7月在当时的北平逝世。朱自清在世人面前，树立了一个铁骨铮铮的中国人的形象，为人们所传颂。

第三节　光明磊落　不骄不馁

崇操守、重气节的传统文化，表现在另一方面，是为人光明磊落、襟怀坦白。因而可以说，光明磊落、襟怀坦白，不仅是一个人自我修养的重要方面，也是一个人为人处世进行社会交往的重要的道德准则。

光明磊落、襟怀坦白，要求人们首先应该做到敢于直言，坚持实事求是的原则。这就是说遇人遇事不隐瞒自己的观点，一是一，二是二，勇于讲真话、讲实话，不虚伪，不骗人，不诡诈，不虚伪圆滑，不阿谀奉承。

要想做到时时处处坦率直言，是一件非常不容易的事，它要求为人一定要公正、坦诚。公正是坦率正直的准则，坦诚则是正直的保证。在公正忠诚的基础上直言、争鸣，才能真正做到坚持真理、弘扬正义，以达到抑不平、除邪恶、纠谬误、去诡诈，匡世正人的作用。否则，就没有了原则和标准，造成公说公有理婆说婆有理的局面，甚至出现名为勇于直言，实而哗众取宠，借口直言互相攻击谩骂，以实现争权夺利的目的。

对于一般人来说，在相互交往之中，真诚相待，敢于直言，是很可贵的。一个人有了缺点错误，朋友们能直言劝告，及时纠正，就会少走弯路，少犯错误。孔子说"益者三友"，第一便是"友直"，也就是能够以直言规劝人的"诤友"。

对于掌握一定权力的人来说，能否正直敢言尤为重要。因为对这些人而言，他们的言行是否正确，小则关乎一个集体能否健康发展，大则关系到国家的兴与衰、人民的苦与乐。正因为如此，直言劝谏在古代被公认为是优秀的道德品质，当然在社会实践中，能做到直言劝谏是很不容易的。比如，那个时候把劝谏君主称作"逆龙鳞"，龙颜一怒，不用说丢官，说不定还有杀身灭族之祸。因此，在那个时代，直言劝谏必须有无私无畏的献身精神。在中华民族的历史上，为了坚持正义、维护真理，不顾个人安危而敢于犯颜抗争者，历朝历代都有，从某种意义来说，这些人是中华民族的脊梁。商代的比干，是商纣王的叔父，官少师，相传他因屡次劝谏商纣王，被剖心而死。春秋时期的伍子胥。曾立下赫赫战功，只因力劝吴王夫差拒绝越国求和、停止伐齐，渐被疏远，最后吴王竟然赐剑命伍子胥自杀。唐朝初年的政治家魏徵，太宗即位后，被提升为谏议大夫。他不计个人得失，先后陈谏二百余事。魏徵曾提出"兼听则明，偏信则暗"，多次劝唐太宗以隋朝灭亡为鉴，认为君好比舟，民好比水，"水能载舟，亦能覆舟"，必须"居安思危，戒奢以俭""任贤受谏""薄赋敛，轻租税""无为而治"，等等。魏徵的言行对唐初经济的恢复和发展以及社会稳定起了重要作用，他也成为中国历史上光明磊落、襟怀坦白、敢于直言的杰出代表之一。

诚挚待人，严守信义，是光明磊落、襟怀坦白这一道德准则的又一表现。在社会交往中，诚信是一种美德。与朋友交往要诚信，为官从政要"谨而信"，做人要"言而有信"。做人不讲信用，在社会上就难以立足。当然，信离不开诚，诚以待人，才能严守信义。古人说,"诚则灵""精诚所至,金石为开""至诚而不通者,未之有也",说的就是这个意思。

诚信不是无原则的,它有原则,有标准。这个原则和标准,应该是真理、正义、公平。诚与信,都要看合不合理、中华民族历史上涌现出无数讲究诚信美德的各种各样的人物,对于解决民族、国家、社会政治、经济、军事、外交、文化、生活等方面的矛盾,协调人与人之间的各种关系,团结民族、凝聚民心、振兴国家、安定社会、亲睦家庭邻里等方面,起了积极的作用。关于诚信美德在后面的章节里还要专门讲述。

不骄不馁、谦虚谨慎,是光明磊落、襟怀坦白的品质的又一个重要方面。它要求人们在知识、见解、能力、功过是非等方面能够正确客观地对待自己,也正确客观地对待别人。即使自己有高人一筹的知识能力,有不凡的成绩或成就,也能虚怀若谷,平等待人,而不自高自大,目空一切。自己有不如人的地方,也不自卑,不自暴自弃,而是虚心好学,取他人之长补自己之短,奋发有为,不断地充实提高自己的水平。

要做到这一点,还要求人们做到闻过则喜,从善如流。因为作为一个人,无论是什么样的人,其知识、能力都是有限度的。人非圣贤,谁能无过?错了,接受别人的批评意见,就会得到人们的尊重。闻过则喜,需要有一定的勇气,甚至要经过痛苦的思想斗争,但若能够切实做到,对个人、对事业,都是大有好处的。诸葛亮用人不当,兵败街亭,他挥泪斩马谡后自贬三级,以示承担责任,并牢记血的教训。唐太宗之所以能够成就大业,是和他能够硬着头皮听取逆耳忠言、修正错误想法和做法有很大的关系。历史上的经验教训,是值得人们认真思索的。

第四节 继承革命传统树立高尚情操

随着时代的发展,中华民族传统的道德情操,也不断地发展、改造、充实、提高。到了新民主主义革命时期，千百万中国共产党人和革命人民，在火热的革命斗争中，表现出了空前的高尚情操和优秀品德。他们立场坚定，爱憎分明，襟怀坦白，光明磊落，忠实积极，勇于奉献。这种优秀的道德情操，是我们今天应该继承和发扬的。

应该指出，中国共产党人和革命人民的高尚道德情操，是对中华民族传统的优秀文化进行改造和提高的结果，是以革命的人生观为指导，在新的历史条件下逐渐形成的。在长期的古代社会中，涌现出不少各种类型的情操高尚的人物。但由于时代、阶级的局限性，在他们的身上，在他们的思想中，封建思想的影响是明显的。换句话说，在他们的道德情操观念中，有精华，也有不少糟粕。今天看来，其不足取的地方不少，如愚忠、愚孝，或局限于个人的道德践履的"小圈子"之中而孤芳自赏等。而经过革命战争洗礼的广大共产党人和志士仁人，以崭新的人生观来观察个人、祖国与世界的前途和命运，可谓高瞻远瞩。在此基础上形成的道德情操，继承和发扬了中华民族的优良传统，又远远高于传统的优良道德情操。具备了革命人生观的人，决心将自己的一切献身于祖国和人民，他们不计较个人名利得失，因而立场更加坚定，爱憎更加鲜明。基于此，襟怀坦白、光明磊落，是他们追求的理想品格。

刘少奇同志曾在著名的《论共产党员的修养》一书中，论述了共产党员应该具备的无产阶级的思想意识和道德品质的修养，其中包含了革命情操的陶冶和培育。书中指出，一个共产党员，在任何时候、任何问题上，都应该想到党的整体利益，都要把党的阶级的民族的利益摆在前面，把个人问题和个人利益放到服从的地位。在个人利益和党的阶级的民族的利益出现不一致的情况时，应该毫不犹豫地服从党的利益。刘少奇指出，一个革命者，一个共产党人，无论在任何情况下，都应当"理直气壮，永远不怕真理，把真理告诉别人，为真理而斗争。即

第四章 中华传统优秀美德之节操

使他这样做暂时于他不利,为了维护真理而受到各种打击,受到大多数人的反对和指责而使他暂时孤立(光荣的孤立),甚至因此而要牺牲自己的生命,他也能逆流而拥护真理,绝不随波逐流"。这种高尚的道德情操,不仅是共产党员,也应该是一切革命人民努力培养和追求的境界。刘少奇指出,一个人有这种道德情操,就勇于坚持真理,为真理和正义的事业而义无反顾地进行斗争,真正做到"富贵不能淫,贫贱不能移,威武不能屈"。即使因此受到反对、打击,甚至要牺牲自己的生命,也绝不丧失原则、立场。刘少奇是这样说的,也是这样做的。

在中国共产党领导的革命和建设中,具有这种高风亮节的同志数不胜数。他们在生与死的考验中绝不低下高贵的头,大义凛然,不惜慷慨赴难;面对大是大非问题,他们一切从人民的利益出发,坚持原则,立场坚定,勇于斗争。在这方面,彭德怀将军给全党、全军、全国人民树立了一个光辉的榜样。彭德怀将军不仅在对敌斗争中大智大勇,战功卓著,为世人所钦佩,而且他时刻把人民的利益放在第一位,坚持真理,刚正不阿,大胆直言,坚决维护党和人民的利益,他那种宁为玉碎不为瓦全的高尚情操和伟大的胸怀,特别为世人所敬仰。土地革命战争时期,他从敌强我弱的客观实际出发,坚决反对盲目进攻大城市的"左"倾冒险主义。在社会主义建设时期,他坚决反对1958年后出现的"左"的错误倾向,上书党中央,为民请命。为此,在以后的日子里他付出了血和生命的代价,但他至死不悔。老共产党员、中共中央原委员陈少敏,也是这方面的典范。"文化大革命"中,在党内生活极不正常的情况下,她敢于坚持真理,不同意对刘少奇同志作出的错误决议,表现出一种难能可贵的高尚情操。敬爱的周恩来总理高尚的革命品德与情操,更堪称中国共产党和全中国人民的典范。他一生大公无私,全心全意为人民服务,对中国人民的革命和建设事业极端地负责任,对人民群众满腔热情,真正做到了鞠躬尽瘁,死而后已;他一生光明磊落,胸怀宽广,严以律己,宽以待人,赢得了广大人民群众的爱戴。

可以说,在新的历史时期,在真理与谬误、正义与邪恶、真善美与假恶丑面前,能否一切从人民利益出发,置个人荣辱于不顾,勇于坚持真理、修正错误,保持革命的情操与气节,保持人格、国格,对每一个人都是一个严峻的考验。在建设中国特色社会主义的伟大事业中,我们特别是广大青少年,应该继承和发扬中华民族的优良传统,继承和发扬我党的优良传统,在时代的洪流中,经受磨炼,陶冶高尚的道德情操,这样才能完成时代赋予我们的伟大历史使命。

第五章　中华传统优秀美德之勤劳

中华民族素以刻苦耐劳著称于世。在中华民族发展的历史长河中，勤劳，被广大中国人民看成做人的最基本的美德。也正是由于世世代代的中国人——特别是广大的劳动人民辛勤的劳动，才创造了举世瞩目的光辉灿烂的中华文明。

勤劳，作为一种品德而言，是指人们对待劳动的态度和品质。劳是指劳动，是指人们有意识地运用自己的体力和智力改造自然界和人类社会的过程（包括体力劳动和脑力劳动）；勤，是相对"懒惰"而言，意思是做事情要尽力地去多做，或是不间断地去做。作为一种道德规范，勤劳要求人们热爱劳动，积极参加劳动，不畏困苦，踏踏实实、努力不懈地去创造物质财富和精神财富。

在中国古老的文化典籍中，留下了大量的规劝人们勤勉戒惰的名言佳句。《尚书》上说"唯日孜孜，无敢逸豫"（每天努力不息，不敢安闲逸乐）；《左传》上说"民生在勤，勤则不匮"（不匮，不贫乏的意思）；《墨子》上说"赖其力者生，不赖其力者不生"（依靠自己劳动的人才能生存，不依靠自己劳动的人就不能生存）；唐代韩愈在他的著述中也有这样的话："诗书勤乃有，不勤腹空虚""业精于勤，荒于嬉"（嬉是懒散、不精心的意思），"孜孜吃吃，死而后已"（孜孜是勤谨不放松，吃吃是勤恳努力不辞辛劳的意思）。在古代广大劳动人民中间，更流传着许多关于勤劳的谚语和格言，用以激励自己，教育后代。在今天的现代汉语中，强调人们要有正确的生活、工作、学习态度时，还常用"勤奋""勤勉""勤恳""勤俭""勤能补拙""勤劳致富""勤俭治国""勤俭持家""书山有路勤为径，学海无涯苦作舟"等词句，反映了中华民族一脉相传的文化传统和文化精神。

在建设中国特色社会主义的今天，继承和发扬中华民族勤劳的美德，有着特殊的重要意义。

第一节 劳动为本

马克思说："任何一个民族，如果停止劳动，不用说一年，就是几个星期，也要灭亡，这是每一个小孩都知道的"（《马克思恩格斯选集》第 4 卷，人民出版社 1995 年 6 月版，第 580 页）。今天，我们每一个人所能享受的一切物质财富和精神财富，无一不是劳动的产物。不仅如此，恩格斯还说过，劳动"是一切人类生活的第一个基本条件，而且达到这样的程度，以致我们在某种意义上不得不说：劳动创造了人本身"（《马克思恩格斯选集》第 4 卷，人民出版社 1995 年 6 月版，第 373 - 374 页）。从猿到人的进化过程中，劳动起了决定性作用。劳动创造了人，劳动创造了人类社会。

毛泽东同志曾经说过，中华民族以刻苦耐劳著称于世。这句话的意思当然不是说其他民族就不刻苦，不勤劳，而是强调勤劳精神的宝贵，强调勤劳是中华民族兴亡之所系。历史上，中华民族以自己的辛勤劳动创造了灿烂辉煌的物质文明与精神文明，为全人类作出了巨大的贡献，以至于我们今天还为之感到骄傲与自豪。

中国是世界上最早对水稻进行人工栽培的国家，距今已有 6000 多年的历史。

今天世界上人工栽培的农作物大约有 1200 多种，其中大约有 200 多种发源于中国。

《春秋》一书对日食、月食的天文记录，非常翔实，其中记载最早一次日全食发生于公元前720年2月22日，比欧洲记录早了135年；关于哈雷彗星的记载，比欧洲记载早了670余年；

战国时期完成的《甘石星经》所测定的恒星记录，是世界上最早的恒星表，比欧洲的第一个恒星表早了约200年；

《汉书》上关于太阳黑子的记载，比欧洲早了900多年；

中国是世界上最早生产铸铁的国家，从春秋时代起中国人便发明用人力鼓风的办法炼出可浇铸的铁水；

西汉，中国人发明了造纸术；

东汉张衡制作的地动仪，是世界上第一台测定地震的仪器，比欧洲的地动仪早1700多年；

南北朝时期的祖冲之是世界上第一个将圆周率准确数值推算到小数点后第六位的人，他推算出的"圆周率"的精确水平，欧洲人在1500多年后才赶上；

唐代一行和尚用科学的方法实测子午线的工作，世界第一，比外国早了约90年；

唐代，中国人发明了雕版印刷术，宋代又发明了泥制活字印刷术；

唐代中国人已经掌握了火药的初步配方，宋代已能大量制造火药；

战国末期，中国人已经知道用天然磁石磨制成"司南"，北宋时以磁石磨成针，发明了人工磁化的"指南针"；

以上一系列的科学技术发明创造，都是中华民族勤劳智慧的结晶。可以说，勤劳是社会财富之母，是社会进步之本。

当然，我们也应看到，人类在不同的社会历史条件下有着不同的劳动形式，由于人们在生产过程中所处的地位不同，劳动态度也大不相同。原始社会时期，生产资料公有，生产力发展水平极其低下，氏族公社的成员只有依靠集体的力量共同劳动才能生存。那时候，每个有劳动能力的氏族成员，都要履行劳动的义务，尽最大的力量从事劳动以奉献给集体，并以平等的权利分享劳动所得。那些在生产劳动中表现突出的人，享有很高的声誉，受到全体氏族成员的尊敬。这些最勤劳勇敢的人，甚至受到某种奖励，如打猎中最有功劳的人可以比一般氏族成员多吃一点肉。道德产生的根源在于社会实践，可以说，在原始社会时代，参加劳动就成了氏族成员共同生活的最基本的道德。

人类进入阶级社会后，劳动形式和劳动态度发生了重大变化，这主要表现在两个方面。少数剥削者，他们依靠剥削劳动者的劳动产品，过着奢侈的生活甚至是穷奢极欲的生活，但他们又极端鄙视劳动和劳动人民，把劳动特别是体力劳动看成下贱的事情。而且剥削阶级为了维护自己的统治，利用劳动人民的劳动成果去镇压广大劳动人民。另外，广大劳动者由于丧失了劳动主动权，他们以自己的辛勤劳动创造出来的社会财富，被少数剥削者剥夺了，尽管拼命地干，仍然无法摆脱贫困和被奴役的地位，因而有时会把劳动看作痛苦的沉重的负担。因而，当我们站在雄伟的万里长城之巅，当我们徜徉在北京故宫的宫殿群之中……当我们赞叹中国人民用勤劳和智慧创造出的举世无双的文明的时候，也很容易想到，这些值得我们骄傲的文明成果的背后，也凝聚着世世代代劳动人民的血和泪。这种勤劳，往往是饥寒交迫下的勤劳，是皮鞭棍棒下的勤劳，是痛苦呻吟下的勤劳。这种勤劳，在很大程度上是被迫的勤劳。

因为正是经过世世代代千百万人的辛勤劳动（这其中包括广大劳动人民的勤劳，也包括从事有益于民族发展、社会进步的科学、技术、文化、教育、艺术等事业的知识分子的辛勤劳动，还包括在历史上起过进步作用的统治阶级代表人物的辛劳业绩），我们的国家我们的民族才得以生存、发展、延续，才创造出了那样光辉灿烂的文化与文明。基于此，勤劳也才被世世代代的绝大多数中国人看成一种美德，而懒惰，不劳而获，坐享其成，甚至违法乱纪、贪污腐化、巧取豪夺，历来为大多数中国人所不齿,也为道德规范所不容。

今天,我们祖国已经建立了社会主义制度,劳动人民成了国家和社会的主人。尽管我们现在仍处于社会主义初级阶段,但劳动的意义已与旧社会有本质的不同,劳动者的劳动不再是为剥削者劳动,而是为社会、为自己劳动,劳动由过去那种被迫的沉重的负担,变为一种光荣的事情。因而,我们应该继承和发扬中华民族勤劳的美德,树立正确的劳动观念,积极为社会为人民作贡献。

第二节 珍惜光阴

浩瀚的宇宙是无限的,一个人的生命是有限的,而从某种意义上来说,生命又是由时间构成的。时间是指物质运动的持续性、顺序性、间隔性。时间的特点是一维性,即一去不复返的特性。"机不可失,时不再来",就是对时间一维性的很好的写照。时间就是生命,就是力量,就是财富,就是胜利。我们的祖先很早就朴素地悟出了这个道理,中华民族勤劳的美德,一个重要方面,便表现为珍惜大好时光。

"子在川上曰:逝者如斯夫!不舍昼夜"(《论语》)。孔夫子站在河边,望着远去的河水,感叹道:消逝的时光,就像这流逝的河水,昼夜一刻也不停息啊!孔夫子这一感叹可能有多种含义,其中之一,是告诉人们,时光易逝,人生苦短,应该珍惜光阴,抓紧时间,好好干事才行。春秋初期的政治家管仲也说:"今日不为,明日亡货。昔之日已往而不来矣!"(《管子》)。意思是说,今天不抓紧工作,明天便什么都没有了。过去的时间已经一去不复返,不会再来了。晋代又有诗云:"人寿几何,逝如朝霜。时无重至,华不再扬"(陆机《短歌行》)。这里是说,人的一生能有多长呢?实际上是很短暂的,就好像早晨的白霜,很快就消失了。时间不会再来,人的一生不会再重复一次，就像花不会在一年之内再重新开放一样。晋代大诗人陶渊明的一首诗说得更明确更动情："盛年不重来，一日难再晨；及时当勉励，岁月不待人。"

正因为如此，古人把时间看得比什么都宝贵。《淮南子》上说："圣人不贵尺之璧而重寸之阴。"大意是，道德智能极高的人，不重视那一尺之长的宝玉，而更看重那一寸之光阴。后来，便有了许多类似的说法。如"尺璧非宝，寸阴是竞"（竞是争，不浪费的意思），"尺璧非宝，寸阴可惜"等等。唐代王贞白在一首诗中唱出了"一寸光阴一寸金"的千古名句，此后，"一寸光阴一寸金，寸金难买寸光阴"，便在人们的口头上广泛流传，鞭策自己，教育后代，要百般珍惜时光。

珍惜光阴，在传统美德中，表现在许多方面。其中之一，是要求人们从小就要抓紧每时每刻，勤奋学习。汉代乐府诗中有这样的句子："少壮不努力，老大徒伤悲。"这就是教人们趁年轻的时候就要好好学习，努力工作。否则，到了年老的时候，再感叹自己一生无所作为也毫无意义了。岳飞的名句"莫等闲，白了少年头，空悲切"，说的也是这个道理。因此，古代人常常教导年轻人要认识到，"少年辛苦终身事，莫向光阴惰寸功"（唐杜荀鹤诗句，大意是，年少时是否付出努力是关系到一生的事情，要抓紧分分秒秒，不要懒惰）；"莫倚儿童轻岁月，丈人曾共尔同年"（唐窦巩诗句，大意是，不要依仗年轻就轻率地错过大好时光，要知道任何一个老年人也是从这个年龄过来的呀）。唐朝大诗人李贺写过一首诗，名为《嘲少年》，其中有这么一句："莫道韶华镇长在，发白面皱专相待"，告诫青年人，不要以为美好的年华会长久存在，满头的白发，苍老的面容，正等着你呢，意思是在年轻的时候，一定不要辜负大好时光。当然，强调年少时要珍惜光阴，并不是说到老了就可以懈怠了。相反，我国的传统文化教育人要一生一世抓紧时间学习，为社会作贡献。这里只是特别强调从年轻时起就养成爱惜时间的好品德的重要性罢了。下面的"映雪"故事就说明了年少时养成珍惜时光、刻苦读书好习惯的重要性。

　　故事的主人公叫孙康，是西晋人，他出生于一个穷人家里，酷爱读书。他是个很懂事的孩子，从小就主动帮助家里干农活。白天忙了一天，虽然很累，可他心里还是想着读书，总是想办法利用一切剩余时间来学习。白天还好办，可一到了晚上，他就没办法了。因他家里穷，买不起灯油，所以天一黑，他就不能再看书了。但他又不想浪费时间，就只好白天读书，晚上默诵。有一年冬天，孙康睡到半夜，外面下起了鹅毛大雪，刺骨的严寒把他从睡梦中冻醒。他以为天已经亮了，忙穿上衣服，起身下床。可等他走到门口拉开门一看，原来是一片白茫茫的大雪，他懊恼极了，刚想把门关上，却又转念一想，"雪色为什么会这么亮呢？"他看看屋内的物品，都清楚地映入他的眼帘。"我何不借这亮光来看书呢？"他赶忙从床头拿过一本书，对着亮光一照，还真清楚哩！他急忙跑到门外，捧起书继续看起来……从此以后，孙康便常常不顾严寒映雪读书，有时竟通宵达旦直至鸡鸣。因为他珍惜光阴，刻苦用功，坚持不懈，后来终于成为一个很有名的学者，并当上了御史大夫。

　　珍惜光阴，勤奋劳作，还表现在不管做什么事，要从开始就要抓紧时间，有个好的开端。在这方面，中国有很多俗语。如，一天之计在于晨，一年之计在于春，等等。晨是一天的开始，春是一年的开端。

　　中国传统以农业立国，特别重视晨和春。"黎明即起，洒扫庭除"，是句古话，是教导人们每天早早起来，抓紧时间学习和工作，不要偷懒。要抓紧春天的大好时光，勤奋劳作，这样到秋天才有个好收成。这里还有一个意思，就是从"现在"开始，从"今天"开始，不要找借口拖延时间，浪费时间。文嘉曾写了两首歌，充分表达了这个意思。其一："明日复明日，明日何其多！日日待明日，万事成蹉跎。世人皆被明日累，明日无穷老将至。晨昏滚滚水东流,今古悠悠日西坠。百年明日能几何?请君听我《明日歌》。"其二是:"今日复今日,今日何其少!今日又不为,此事何时了?人生百年几今日,今日不为真可惜!若言姑待明朝至,明朝又有明朝事。为君聊赋《今日》诗,努力请从今日始!"这两首歌通俗易懂,道理说得很明白。

  珍惜光阴,不仅要抓紧时间,还要千方百计地节省时间,挤时间,勤奋地去学习或工作。时间对每个人来说都是吝啬的,过去了就不再给你了。然而时间对于每一个人来说也是公平的,一天对每个人来说都是24小时,一年对每个人来说也都是365天。这就看你怎么支配和利用了。古代有作为的人,都很懂得抓紧时间,"挤"时间,充分利用时间。古人说,"勿谓寸金短,既过难再获",要珍惜一分一秒的时间。近代著名思想家魏源说过:"志士惜年,贤人惜日,圣人惜时。"这里说的计算时间的方法,和西方一个名人说的"用'分'来计算时间的人,比用'时'计算时间的人,时间多59倍",真有异曲同工之妙!古人说:"冬者岁之余,夜者日之余,阴雨者时之余。"余是多余的时间,农耕社会里,冬天、夜里、下雨天一般是无事可做的,后来人们把"三余"比作空闲时间。事情再多,工作再忙,也还是有空闲时间的,就看你有没有紧迫感,抓紧不抓紧了。宋代著名文学家欧阳修曾说,"余平生所作文章,多在'三上',乃马上、枕上、厕上也",这是说,他把骑马走路、晚上躺在床上甚至上厕所时的时间也充分利用珍惜时间的优良传统,在近代革命者身上进一步发扬光大。鲁迅先生关于珍惜时间方面有许多精辟的论述,他说:"节省时间,也就是使一个人的有限生命,更加有效,而也等于延长了人的生命。""时间对于我来说是很宝贵的,用经济学的眼光看是一种财富。""时间,每天得到的都是二十四小时,可是一天的时间给勤勉的人带来智慧和力量,给懒散的人只能留下一片悔恨。""时间,就像海绵里的水一样,只要你愿意挤,总还是有的"。鲁迅不但是这样说的,也是这样做的。当有人称鲁迅先生是天才时,他说道:"哪里有天才,我是把别人喝咖啡的工夫都用在工作上的。"也正因为如此,鲁迅才在短暂的一生中,做出了非凡的业绩。

珍惜时间的好品德,要求人们既要珍惜自己的时间,也不要无端地耽误他人的宝贵时间。鲁迅先生说:"美国人说,时间就是金钱;但我想,时间就是性命。无端地空耗别人时间,其实是无异于谋财害命的。"革命老前辈徐特立则说:"鲁迅认为妨碍别人工作时间是谋财害命,我也以为自己浪费时间就是自杀。"我们应该记住这些格言,继承和发扬惜时好学的优良传统,勤奋学习,努力工作。

第三节 业精于勤

中华民族发展的历史告诉我们,从全社会大的方面而言,勤劳是财富之母,是智慧之源,是成功之路,是社会发展的推动力;从一个人的角度来说,勤劳也是学业有成、事业发达的根本保证。"业精于勤,荒于嬉",是前人给我们留下的至理名言。只有脚踏实地、勤勤恳恳地去学习或工作,才能真正办好几件事,才能在短暂的一生中有所作为;懒懒散散,疲疲沓沓,或一曝十寒,要想事业有成,就很难了。北宋有一位理学大师,名叫邵雍,在中国思想史上名气很大。而他的成名,与勤奋密不可分。邵雍小的时候,常听他父亲讲古代苏秦锥刺股、匡衡凿壁偷光发奋学习的故事,十分感动,表示一定像那些古人一样,刻苦学习,长大之后建功立业。邵雍勤奋好学,寒冬腊月屋里也不生个火,大夏天酷暑难当他也不拿把扇子,他一心苦读,几年后便把他能见到的书背得滚瓜烂熟。之后,他便外出到各地考察求学。其间,受到了不少磨难。如一次在山西夜间行路,他从马背上掉下来,滚到山涧之中,好在身体没有受伤。在经过江汉一带时,一次好几天找不着住的地方,也找不着可吃的食物，真正是只能"风餐露宿"了，但这没有动摇他求学的决心。后邵雍在家闭门读书研究时，格外勤奋，竟然有三年的时间，他的屋子里不架床支铺，日夜坐在那里静静地学习与思考。研究《周易》时，他将该书一页页抄好后贴在屋子的墙壁上，每天要朗诵上几十遍。邵雍在寓居河阳（今河南孟州）州学向老师李挺之学习时，连夜苦读。因买不起灯油，便将州学供给的食物拿去换灯油。他的勤学苦读，连一位过路的军官看了也万分感动，送给他十支笔，一百张纸。邵雍视高官厚禄如浮云，但留心天下事，踏踏实实地钻研学问，终于成了一位很有影响的大学者。

我们都知道明代有一个大科学家，他的名字叫徐光启，也知道他的《农政全书》是我国历史上一部最完备的农业科学巨著。其实，徐光启在许多科学领域都有突出的贡献。这一切都和他的勤奋密不可分。徐光启小时候家庭贫困，他一边劳动，一边勤奋读书。他不仅学习中国的传统文化，还虚心向西方来华传教士利玛窦等人学习西方的天文、历算等比较先进的科学知识。后来他同利玛窦合作，将西方著的《几何原本》前六卷译成中文。这是一件不同寻常的工作，因为将西方几何学中的一些名词术语，用恰当的简洁的汉语准确表达出来，就不知要耗费徐光启多少个日日夜夜。徐光启在参加编写《崇祯历书》一书时，在继承中国古代传统好东西的同时，又努力学习西方先进的天文技术和方法，使这部书成为当时中国最好的历法。徐光启在撰写《农政全书》一书时，光引用的文献就达250种，可以想象，他看过的书一定要比这还要多。在徐光启的科学生涯中，他除了勤奋刻苦阅读大量书籍，还特别重视实践，不辞劳苦地去考察，实验。他游历许多地方，虚心向有实际经验的农民、士兵、工匠学习。他曾在上海开辟农业试验园。他还到天津屯田，试验将南方的种子拿到北方试种，把北方的种子移到南方栽培，作比较研究。据资料记载，为了取得直接经验，

第五章 中华传统优秀美德之勤劳

他自己亲自下田耕种,亲自品尝草木辨析味道。修订历法时,年迈的徐光启坚持亲自登上高高的观象台实际观测。以至有一次他从观象台上坠落下来,腰部膝盖都受了伤,路都走不成了。就在70岁后,徐光启仍笔耕不辍,直到去世前一个多月,他还在病床上写作呢。

明代的另一位大科学家徐霞客,他对于祖国西南、中南地区岩溶地貌和溶洞的描述与研究,在地学史上占有重要地位。徐霞客一生勤奋学习,阅读了大量的地学典籍。为了科学探索大自然的奥秘,获得第一手资料,他特别重视野外考察与探险。他长年累月在野外,有时一天要走几十里甚至上百里路,或攀岩探洞,或涉激流,或穿丛林,不但辛苦,而且也很危险,多次都是死里逃生。这里要特别一提的是徐霞客那种勤奋精神。在科学考察中,每到一处,不管多么劳累,都坚持把途中的经历和观察的心得记录下来。即使是日行百里,到晚上他还要坐卧在山野草莽之中,以松木照明,记述白天所见所闻。有时为了更真实地记录大自然的奇观,他还攀缘在悬崖峭壁上用心记录。就是这样,一点一滴地积累,详细地记录下了考察过的地方的山脉、河流、岩洞、土质、气候、火山、矿泉、地貌特征以及特产、民俗,终于完成了科学巨著《徐霞客游记》。他的一个朋友写诗赞扬他,"苦游不怕铁鞋穿,踏倒昆仑又向前",这真是徐霞客勤劳、勇敢、献身精神的很好写照。

我国著名的医药学家李时珍,行医后一有空闲,便勤奋地阅读医书,并在实践中一一验证探索,医药水平提高很快。他三十四五岁时,决心在宋代的《经史证类急备本草》的基础上编出一本更加完备的本草书,这本书就是后来的蜚声海内外的医药学巨著《本草纲目》。李时珍在编写这本书时,先是阅读了800余家的有关医药学著述,对有关资料进行了收集整理。试想,没有坚定的意志,勤奋刻苦的精神,这样繁重的阅读任务是很难完成的。但更为艰苦的工作还在后头,原来,李时珍在读书的过程中，发现前人的书中有不少问题。例如，同一种药物，其名称、性能及其作用，各家的说法有许多不一致的地方，即使在一种著述中，也有前后矛盾的现象。李时珍认识到，要编写一本有价值的大书，光依靠前人的资料是远远不够的。于是他走出家门，向有实践经验的人学习。同时，他还不辞劳苦地深入深山僻野中，采集各种药物标本，辨别各种药物的形状、味道、功能，并进一步在临床实践中去——印证。经过几十年的努力，60岁的李时珍终于完成了皇皇巨著《本草纲目》。后又经过十余年的修改，才算最后定稿。《本草纲目》这部在中国和世界医药史上有着重要地位的科学巨著的问世，显示了李时珍的天才与智慧，但更体现了李时珍一生勤劳勇敢的伟大精神。

  历史上像上述这样的例子还可举出许许多多。在他们的身上，集中体现了中华民族勤劳的美德和伟大的精神；也正是这种美德和精神，成就了千万个中华民族的优秀子孙。当然，我们承认个人的天赋有一定的差别，由于主客观条件的限制，做出举世震惊的大事业的人毕竟是少数。我们这里强调的是，只要勤奋努力，持之以恒，就可以最大限度地发挥我们自身的潜力，做出一番事业来。俗话说，"勤能补拙"，意思是勤奋能弥补个人天资之不足，勤劳出智慧；"只要功夫深，铁杵磨成针""滴水穿石"，是说只要下定决心，勤勤恳恳地干下去，许多不敢想象的事情都可以做成功。历史上，一些天分不高，甚至身体有缺陷的人，经过勤奋刻苦的努力，竟然做出了不平凡的业绩，不就证明了这个朴素的道理吗？我们大概都知道物理学家牛顿是赫赫有名的，但却未必知道小时候的牛顿竟是一个笨拙的儿童，据说他刚生下来的时候，只有几斤重，天资不足，大脑迟钝。家人都认为他没有什么发展前途，可谓"拙"。可是出乎人们的预料，牛顿终于以发现三大物理定律而蜚声科坛。如果说是一种神奇的力量使牛顿从"低能儿"一跃成为著名的科学家，那就是非凡的勤奋。总之，勤奋是一座无形的桥梁，它

第五章　中华传统优秀美德之勤劳

把现实和理想连接起来,人们只有踏着它前进,才能达到光辉灿烂的未来。

应该看到,历史上,勤劳始于谋生,其原始动机是为了个人的生存和发展,或为了与个人相联系的小集团(如家族、氏族等)的生存与发展。这种原始动机是自然而然地产生的,是合理的,无可非议的。但这种原始的、朴素的勤劳精神毕竟是狭隘的,不能不在思想境界和道德境界上受到限制;而这种狭隘性也很有可能导致一些人向自私自利甚至损人利己方向转化。在整个旧社会中,由于受剥削受压迫,受专制统治,这种原始的朴素的勤劳精神没有能使劳动者的付出真正得到自己应该得到的报偿。而在新社会中,原始的朴素的勤劳精神也不能保证一个人能正确处理个人、集体及整个社会利益的关系。因而在今天,我们在倡导发扬中华民族传统的勤劳美德时,一方面要尊重劳动者的合法利益,另一方面还要赋予勤劳精神以时代内涵,使其体现时代精神。那就是提倡树立正确的世界观、人生观和价值观,自觉勤奋劳动,正确对待和正确处理个人利益与集体利益、国家利益,提倡那种为祖国四化大业积极奉献的精神。这是我们提倡勤劳精神时应该特别注意的。

在继承和发扬中华民族传统的勤劳美德方面,许多革命家给我们作出了榜样,我们要继承和发扬这一宝贵的革命传统。鲁迅先生说,他把别人喝咖啡的时间都用在工作上了。可以设想,如果鲁迅先生不如此勤奋,能在短暂的一生中贡献给人类那么多文化精品吗?革命家徐特立年事已高时还出国留学。他说:"我今年四十三岁,一天学一个字,一年可学三百六十五个字,七年可学二千五百个字,到了五十岁时,岂不就是一个通法文的人了吗?假若一天学两个字,到四十六岁半,就可以学通一国文字,我尽管笨,但从不间断,如果没有一天学一字两字也学不会的。"为了革命事业,徐老是这样说的,也是这样做的。千千万万个无产阶级革命家的自觉勤劳精神,远非历史上那些志士仁人所能比。这种高度的自觉，出自为人类献身的伟大胸怀，来自对伟大的社会主义、共产主义事业的忠诚与不懈的追求。革命导师马克思说过："我们在为争取八小时工作制而斗争，可是我们自己的工作时间却往往两倍于此。""我一直在坟墓的边缘徘徊。因此，我不得不利用我还能工作的每时每刻来完成我的著作，为了它，我已经牺牲了我的健康、幸福和家庭。"中国的伟大的马克思主义者们，正是以这种精神去工作去奋斗的。这方面，周恩来总理为全国人民树立了光辉的榜样。他勤奋工作达到忘我的地步，长时期内超负荷运转，真正做到了鞠躬尽瘁，死而后已。最后，我们想用鲁迅先生的一段话结束本篇："伟大的成绩和辛勤的劳动是成正比例的，有一分劳动就有一分收获，日积月累，从少到多，奇迹就可以创造出来。"

第六章　中华传统优秀美德之节俭

中华民族一贯以勤俭为美德。崇尚俭朴，反对奢侈，摒弃浮华，成为中华民族优秀传统之一。

"俭，德之共也；侈，恶之大也。"这是《左传》上引的一句古语。这句话我们可以理解为，节俭是最好的道德品质之一，奢侈是最恶劣的道德品质之一。宋代的司马光对这两句话作了如下的解释："共，同也，言有德者皆由俭来也。夫俭则寡欲，君子寡欲，则不役于物，可以直道而行；小人寡欲，则能谨身节用，远罪丰家。故曰：俭，德之共也。侈则多欲，君子多欲则贪慕富贵，枉道速祸；小人多欲则多求妄用，败家丧身；是以居官必贿，居乡必盗。故曰：侈，恶之大也。"司马光的意思是说，俭是德的全面体现，是道德的根本；侈是万恶之首，也是万恶之源。俭则寡欲，寡欲可以使一般人谨慎行事，遵纪守法，使当官者清廉正直，造福人类；侈则多欲，多欲可以使一般的人败身丧家，使当官的人贪赃枉法，危及社会。俭，有非常丰富的含义。节俭，作为中华民族传统优良品德之一，历来被人们所重视，所赞美，所提倡。

节俭之所以成为中华民族的一种美德，世世代代广泛流传，原因是多方面的。

在生产力十分低下的时代，人类从大自然中获得的赖以生存的生活资料极其有限，仅仅能满足，甚至还不能满足人们维持最低生活水平，尤其在出现灾荒年代，更是如此。在这种情况下，如果不节俭，恐怕一些人就没有饭吃了。另外，不管什么时代，对于穷苦的家庭、穷苦的人来说，想不节俭也不可能，没有那个经济条件。从这些意义上来说,"俭"可以说是一种"自发"的行为,人们为了生存,为了度日,不得不节俭。

我们今天说的"俭"德的产生与流传,和上述条件下的自发行为应该说有直接关系,有其自身固有的经济价值。但从某种意义上来说,"俭"作为一种美德,在其发展过程中,已经脱离了其最初产生的背景,也不仅有了它的经济价值,而且有了更丰富的内容和更深刻的含义,成为做人的一种重要的精神力量,一种极其重要的道德价值,它和一个人的人生观、价值观,发生了直接的、密切的关系。

第一节 "俭以养德"

我国春秋时期齐国大夫晏婴,曾辅佐齐灵公、齐庄公、齐景公三世,功劳显赫,位尊权重,俸禄优厚。但他在生活上却相当俭朴,主食吃的是糙米饭,副食以蔬菜为主,从来不一顿饭吃两个以上荤菜。他的一件皮袍穿了30年,已经破旧了,但还不愿意换新的。晏婴自己过着俭朴的生活,却常常将自己的钱接济亲友,或者用来救济贫苦的百姓。齐景公见晏婴如此俭朴,打算将物产丰富、比较富裕的都昌地封给晏婴,晏婴坚决予以拒绝,他说:我之所以这样生活,是把贫困当作自己的老师,如果我要接受了都昌这块封地,那不是把老师丢掉了吗?齐景公见晏婴坚辞不受,便打算让其搬迁到一座新宅院里去住,劝他说:你现在住的地方距离闹市区太近了,人声嘈杂,房子也太简陋陈旧,你就搬了吧。晏婴答道:我先辈能住的房子,如果我不能住下去,那就太奢侈了。何况现在住的房子到市场上买东西挺方便,还是不搬得好。齐景公乘晏婴出使国外之机,给其换了新宅。晏婴回国后,又搬回到自己原来的旧宅里。晏婴坚持俭朴廉洁的故事,在历史上流传久远,为世人所称道。

三国时期著名的军事家诸葛亮在《诫子书》中,谆谆教导

第六章 中华传统优秀美德之节俭

他的儿子:"夫君子之行,静以修身,俭以养德,非淡泊无以明志,非宁静无以致远,"这句话很有名,其中"静以修身""俭以养德""澹泊明志""宁静致远",常常被后人引用,成了不少志士仁人的座右铭。诸葛亮这句话的意思是说:大凡道德品质高尚的人,要通过"静"来修身养性,通过"俭"来涵养品德,不"澹泊"就不能树立远大志向,不"宁静"则不能为实现自己远大理想不懈地去努力。诸葛亮这里强调的是,一个人如果不对物质享乐加以节制,就很难纯洁其志向,如果总受物欲的强烈干扰,也就不可能去实现自己的伟大抱负。诸葛亮不仅将俭单纯看成一种美德,而且将俭与整个人生追求联系起来了。

俭不仅本身是一种美德,它还有涵养人品德的重要作用。为什么呢?因为俭本身是一种人的实践活动,且这种实践活动在我们的日常生活中不停地反复进行。这种直观的以节约为直接目的的实践活动,几乎我们每时每事都会碰到,自然对人的思想、精神影响就会很大了。人生在世,追求快乐可以说是天性。而快乐,无非是两个方面,一是感官上的快乐,二是精神方面的快乐。感官上的快乐,有如口腹之欲,男女之欢,等等。人常说,饮食男女,人之大欲。离开饮食等方面的物质生活,从大的方面来说,人就不能生存与发展,从另一方面来说,生活中也就少了许多乐趣。但人之所以成为人,人之所以有别于其他动物,是人追求感官快乐之外,还追求精神上的快乐与内心的幸福。追求这种快乐与幸福,如追求理想的实现,事业的成功,人格的完美与高尚,爱情与家庭的和谐,等等,则是人特有的,这是人性的完善,理性的发挥,创造力的释放。上述两个方面的追求,对人来说,都是合理的、自然的,但两者的价值是不等的。对物质生活、感官快乐的追求是人的本能。但放纵本能的追求,不能用理性对本能进行控制、节制与调节,必然会蔑视社会生活的共同规范,蔑视道德、人格、理想的价值。

"俭"这种美德，就是要求在日常生活实践中，通过理智来节制对物质享受、感官快乐的过分追求，或者是使这种追求合于一定的度，正当合理，符合道德，以利于个人精神与社会发展。注意俭德，就是要淡化对物质享受的追求，使心灵不受物欲的过分干扰。也就是说，要把感官享乐在人生的地位、价值看得淡一些，放在第二位，把人格的完善，理想事业的追求，精神生活的充实洁净，放在首位，因为这些才是人生根本价值所在。

从某种意义上来说，俭又可以说是一切好的品德之母。

"俭"和吝啬绝不是一回事。前者是节省、节约，而后者是当用的财物也舍不得用。孔子说过"俭近仁"（《礼记》），意思是俭这种品德容易接近"仁"。仁是什么呢？固然有多种解释，但"仁者爱人"是多数学者所认可的。"俭近仁"，意思是说有俭这种品行的人，接近仁德，容易发展仁德。我们今天可以理解为，有俭德的人，对他人容易产生同情心，对别人的难处容易理解，由此发展开来，也就乐于帮助人，接济人。无数事实也说明了这一点。大师李叔同的学生刘质平，出身贫寒，留学日本时，没有经济来源。李叔同得知后给刘质平写信说："现（我）每月收入薪水百零五元，出款，上海家用四十元（年节另加），天津家用二十五元（年节另加），自己食物十元，自己零用五元，自己应酬费买物沃添衣费五元。如此正确计算，严守之数，不再多费，每月可余二十元，此二十元即可作为君学费用。将来不佞（不佞系旧时谦称）之薪水，大约有减无增，但再减去五元，仍无大妨碍，自己用之款内，可以再加节省……"李叔同如此乐于助人，当然有多方面的原因，但和他的俭德有直接关系。

孟子也说过："恭者不侮人，俭者不夺人"（《孟子》）。侮即侮辱，俭是节俭，夺是掠夺。这句话的意思是说，尊敬别人的人,是不会去侮辱别人的;有节俭习惯的人,是不会去掠夺别人的。这话和孔子的话有相通的地方,那就是有节俭品行的人,容易心眼好,同情人,善待人。这话是有道理的。物质享乐是无止境的,那些奢侈无度、挥霍浪费的人,自己的欲望到什么时候都难以满足,哪会有更多的心思去关心、体谅、帮助他人呢?换句话说,一个人如果缺乏俭德,过分追求物质享乐,容易失去自我节制,自我控制,自我约束,各种社会上的坏习气、坏习惯就容易乘虚而入,偷摸、贪污、诈骗、抢劫等各种"夺人"的事就会出来了,这样的人还有什么道德可言呢?

生活上的俭朴与奢侈,仅仅停留在经济意义上去认识是远远不够的。鲁迅先生说得好:"生活太安逸了,工作就会被生活所累了。"生活上奢侈不俭的人,很难有什么远大的志向。因为一个人的精力总是有限的,心思终日用在吃喝玩乐上,即便有的雄心壮志也会逐渐泯灭,这是值得我们警惕的。

第二节 "俭则倡,侈则亡"

在中国古代,人们很早就悟出了"俭"与"奢"和家庭、国家兴亡的关系了。人们提倡节俭,反对奢侈浪费,有各种各样的出发点,或为了家道的长久,或为了统治地位的长存,或为了净化社会风气。

商朝初年的伊尹,是中国历史上一个值得肯定的、有作为的人物。伊尹姓伊,尹是官名,商朝的辅佐国王的官称尹。传说伊尹是奴隶出身。伊尹曾帮助商汤王攻灭夏桀,功劳不小。伊尹曾告诫新即位的商汤王的孙子太甲:"慎乃俭德,惟怀永图"(《尚书》)。意思是强调,节俭可不是个小事,是万万不能忽视的,它关系到你的王业能否长久。另一个中国历史上的著名人物周公,执政时力行节俭,并常用夏桀、殷纣两王骄奢淫逸、挥霍无度导致灭亡的教训,让周成王引以为戒。

春秋时期，大多数思想家都崇尚节俭。孔子对他的弟子说："奢则不孙，俭则固。与其不孙也，宁固"（《论语》）。大意是：奢侈豪华则超越了礼的规范，省俭朴素则显得简陋寒碜，与其越礼，宁可简单寒酸一点吧。墨子尚俭最为突出，鲜明地提出："俭节则倡，淫佚则亡"（《墨子》）。

人类的衣食住行，是创造历史、发展社会的基本条件。社会发展的目标之一，也是让人们生活得更加美好，包括吃好、喝好、穿好、住好等。节俭，并不是说让人不吃不喝，或是过苦行僧一样的生活。我国光辉灿烂的汉唐文化中，有关衣食住行方面的文化占有重要地位，是一笔珍贵的历史遗产。以饮食文化为例，汉唐时期就出现了一些偏差，那就是社会上一些人刻意追求奇珍异食，如熊掌、鸡爪、燕子的大腿、猩猩的嘴唇、大象的肉，等等，越稀少新奇的东西越要吃，以显示气派。奢侈浪费不说，也大大地破坏了生态平衡。此外，姑且不说个人的钱是有限的，毕竟是自己的，于是统治阶级用各种名义大吃公家的。据《唐会要》等有关文献记载，唐代百官上朝就有所谓的"廊下餐"，百官每日退朝后必餐一顿。宰相办公时，又有所谓的"堂餐"。"廊下餐"也好，"堂餐"也罢，肯定不会每人简单吃饱肚子了事。唐高宗时有的宰相感到"堂馔丰余"（太丰盛太多），花费太大，浪费太多，于心不忍，"欲少损"，即想降低一点标准。没想到此举即刻遭到一些人的反驳，说什么：这大吃大喝是天子重视我们讨论国家大事、爱护人才的表现，我等要当这个官就得吃，不吃干脆你就辞职，"不宜节减"！（《汉唐饮食文化史》）综观历史，大凡一个国家、一个王朝，之所以灭亡，总和奢侈浪费的社会风气有直接的关系。在长期的社会实践中，人们反复不断地领悟"俭"的重要性，意识到俭不仅有经济价值，对培养教育后代也有重要意义。勤俭是传家宝，远远超出了经济方面的意义。几千年来，凡是有些见识的中国人，不但自己本身勤俭持家，还总是要教育自己的子孙艰苦奋斗、勤俭节约。富有的人家从历史的经验中意识到，只有养成勤俭节约的好作风，家道才能不衰败，子孙才有可能成才，至少不会成为败家子。穷苦的人家可能迫于生计而不得不节俭，但这种节俭对于子女也是一种有形或无形的教育，对他们养成良好的品德有促进作用。

第三节 勤俭节约永不忘

改革开放以来，比起从前物资匮乏的年代，我国人民的物质生活有了相当大的改善。生活和建设中还要不要节俭，要不要精打细算，在一些人的头脑中开始淡漠了，似乎这已经成为一个过时的至少是不那么重要的问题了。还有的学者对中国传统文化进行深层次的反思，认为，从传统上说中国人重节流，西方人重开源。重节流则舍不得花钱，重开源则勇于消费。勇于消费则刺激生产力的提高，舍不得花钱则不利于市场经济的快速发展。因而我们今天应该刺激消费，鼓励消费。这种说法不能说它没有一定的道理。况且，对传统思想加以积极转换，加进现代意识，充实内涵，使其更具有时代特征，大思路是对的。但上述的一些想法和说法值得我们进一步认真思考，更全面更辩证地对这些问题进行分析，以求得出正确的、科学的结论。

我们的国家逐步富裕起来了，我们的生活也开始好起来了，是我们每个公民这些年都能亲身感觉得到的。但这种富裕只是相对于我们过去而言的。和发达国家相比，甚至和许多发展中国家相比，我们的差距还是很大的。就人均国内生产总值而言，我们在世界上排名100多位，很靠后。我们的国家实际上还比较穷，家底还很薄，农村中还有很多人收入较低，城市中下岗失业问题也不是个小问题。我们发展生产，改善人们的生存条件，要做的事太多了，换句话说，要花钱的地方很多，怎能不节省着花呢。

在一定条件下鼓励人们消费，对发展经济是有积极作用的。但这种消费应该是正当消费，不能是奢侈浪费，也不是超前消费。所谓消费，是指用物质资料满足人们的生产和生活的需要，是社会再生产过程的一个环节。消费分为生产性消费和非生产性消费，生产过程中劳动工具和原材料等的消费，叫生产性消费；用物质资料满足人们物质和文化生活的需要，叫非生产性消费。消费由生产决定，又反过来影响生产。一方面，我们进行非生产性消费时应量入为出，注意节约，反对铺张浪费；另一方面，我们还要注意生产性消费，把一部分资金投入生产领域，加速生产的发展，社会财富的增加。也就是说，应该树立正确的消费观念。

近年来，社会上一股奢靡铺张之风，不断影响和侵蚀着人们，特别是青年人和一部分干部的健康肌体，特别值得我们注意。江泽民同志在中国共产党的十四届五中全会上指出："务必要在全社会继续发扬艰苦奋斗的优良传统，提倡勤俭，崇尚节约，防止和纠正脱离经济发展水平的高消费。"

勤俭节约，是中华民族的传统美德。"一粥一饭，当思来之不易；半丝半缕，恒念物力维艰。""谁知盘中餐，粒粒皆辛苦。"这些名言警句，都是教人尊重劳动，珍惜劳动成果，注意勤俭节约。在革命和建设征程中，中国共产党继承和发扬了中华民族吃苦耐劳、勤俭节约的传统美德，并使之与中国共产党的性质、奋斗目标和宗旨紧密结合在一起，给这一美德注入新的内容，使之发展到一个新的境界，形成了反映共产党人本质特征的艰苦奋斗的优良作风。共产党人的艰苦奋斗不同于封建士大夫的安贫乐道，不同于资产阶级上升时期的"精打细算"，不同于一般庄户人家的勤俭持家，也不同于为个人安家立业的苦干精神。它是共产党人的政治本色，既是完成自己历史使命的客观要求，又是共产党人的宗旨及高度的历史责任感和历史

第六章　中华传统优秀美德之节俭

主动性的集中体现。艰苦奋斗、勤俭节约，是共产党人保持党的工人阶级先锋队性质，坚持党的全心全意为人民服务的宗旨，所表现出的立党为公、执政为民，吃苦在前，享受在后，勤政、廉政，无私奉献的精神，也是尊重劳动人民，尊重劳动，尊重知识，珍惜劳动成果的一种表现。

我们不会忘记我党领导的红军，在二万五千里长征中，爬雪山，过草地，吃草根，啃树皮，挫败敌人的围追堵截，胜利地实现了伟大的战略转移。抗日战争中，面对敌人对根据地的军事包围和经济封锁，革命队伍中的广大干部和战士开荒种地，纺线织布，自己动手，共渡难关。新中国成立后，中国人民志愿军战士一把炒面一把雪，打败了武装到牙齿的美帝国主义。全国人民在艰苦奋斗精神的指导下，在国民党留下的满目疮痍的烂摊子上很快恢复了生产，并成功地进行了社会主义改造。也正是靠这种精神，我们度过了三年困难时期。1962年，周总理到黑龙江省视察工作。在招待所里，他没有用服务人员准备好的沙发床、新毛毯、新被子，而是睡在硬板床上，床上铺的是一个草垫子、一条棉褥子和一条白布褥单，盖的是已经洗得发白的军用被子。总理的房间内，不让摆烟、茶、糖果之类的东西，总理还宣布：不吃肉，不吃过油食品，要吃粗粮。一天，招待所的厨师给总理做了一盘油炸黄豆。饭后，总理让邓颖超转达他的意见："不是事先说过了，不吃肉，不吃过油的食品吗？老百姓每月只有几两油，全国人民都很困难，我们能吃得下吗？希望同志们以后不要这样做了。"邓颖超还说："黄豆本身就有油，搁点咸盐，放点葱花，用水煮煮吃就不错了。"这天的第二顿饭，给总理做的是黄豆芽炖豆腐，总理高兴地说："这就很好嘛！"周恩来、焦裕禄等中国共产党的优秀儿女，以他们的模范行动，激励了千千万万的老百姓勒紧裤腰带过日子，同心同德地和党一起努力奋斗。

"为着阶级和民族的解放，为着党的事业的成功，我毫不稀罕那华丽的大厦,却宁愿居住在卑陋潮湿的茅棚;不稀罕美味的西餐大菜,宁愿吞嚼刺口的苞粟和菜根;不希罕舒适柔软的钢丝床,宁愿睡在猪栏狗巢似的住所;不稀罕闲逸,宁愿一天做十六点钟的劳苦……一切难以忍受的生活,我都能忍受下去;这些都不能动摇我的决心,相反的,是更加磨炼我的意志!"方志敏的这句话,应该看作是一切真正共产党员的誓言!

"成由勤俭败由奢。"今天,能不能保持勤俭的优良传统和作风,不仅是个人品德问题,而且牵涉到党风问题,牵涉到社会风尚问题,毫不夸张地说,是关系到我们事业成败的大问题。邓小平同志在不同的场合,反复强调说:"艰苦奋斗是我们的传统,艰苦朴素的教育今后要抓紧,直要抓六十年到七十年。我们的国家越发展,越要抓艰苦创业。提倡艰苦创业精神,也有助于克服腐败现象;新中国成立以来我们党一直在讲艰苦创业,后来日子稍好一点,就提倡高消费,于是,各方面的浪费现象蔓延,加上思想政治工作薄弱,法制不健全,什么违法乱纪和腐败现象都出来了。"

邓小平这一讲话精神,不仅有重大的现实意义,也有深远的历史意义,我们应该认真领会。因为,在改革开放、社会主义现代化建设的新时期,要不要继续艰苦奋斗、勤俭节约,在理论上和实践上人们远未达成共识。相当一部分人对艰苦奋斗、勤俭节约的时代价值发出了质疑。有的认为,在战争年代条件艰苦,艰苦奋斗是必要的。现在条件好了,不必再提倡艰苦奋斗了。有的认为,搞改革开放,发展经济,铺张浪费在所难免。有的甚至把艰苦奋斗看作陈腐的观念,把勤俭节约视为小气吝啬,把奢侈摆阔当作潇洒荣耀,把挥霍浪费看成慷慨大方。表现在现实生活中,一些人艰苦奋斗、勤俭节约的意识极为淡薄,贪图享乐的不正之风随处可见,讲排场比阔气,竞相攀比;衣食住行,务求其奢其华,败坏了党风、政风、民风。这些人轻者沉溺于酒色财气,工作上不思进取,重者则滑进了拜金主义、

第六章 中华传统优秀美德之节俭

享乐主义、极端个人主义的泥坑不能自拔，贪赃枉法、营私舞弊、贪污盗窃，自己走上了犯罪的道路，也给党、国家、人民造成了巨大损失。教训是惨痛的。历史和现实已经并将继续证明，一个没有勤俭节约、艰苦奋斗精神作支撑的国家，是难以发展进步的；一个没有勤俭节约、艰苦奋斗精神作支撑的政党，是难以兴旺发达的。只有牢记和坚持艰苦奋斗这一共产党人的政治本色，才能更好地履行全心全意为人民服务的宗旨，不断把人民群众的利益实现好、维护好、发展好，就能够充分调动和发挥积极性、主动性和创造性，建设好中国特色社会主义的各项事业。

任何一种文化都有它的时代性。我们今天提倡勤俭节约、艰苦奋斗，也有其特有的时代特征。主要表现在几个方面。其一，提倡合理消费。社会经济的发展始终是和人的消费连接在一起的，只谈创造和发展，不谈消费和满足，发展就可能失去动力，引发生产和消费的严重脱节，从而阻碍生产的发展。但只讲消费和满足，不谈创造和发展，生产便失去基础，影响再生产的继续进行，从而无法满足人们的正常消费。只有摆正消费与生产的关系才能既满足消费又促进生产的不断增长。其二，注意享受的现实性。享受是艺术化的消费，是在基本消费满足之后对消费高层次的追求。人类绝不会仅仅满足吃饱穿暖的基本生活要求，在生产发展、生活水平不断提高中，必然要使其生活日趋科学化、艺术化，这是人类社会发展之必然。在温饱问题解决之后，消费的艺术性、科学性日益增强，消费也就向享受型逐步转化。在这一转化过程中，我们提倡勤俭节约，其中一个意思就是要考虑现实条件，在人力、物力、财力许可的限度内消费，提高生活的质量和层次。超越现实条件的消费，就会出问题。其三，提倡艰苦奋斗、勤俭节约，是提倡一种创业精神。我们无论什么时候都应保持这种精神，工作中不断努力进取，创造出更多的物质财富和精神财富，以满足人们生活和社会发展的需要。

在中国革命即将取得全国胜利的前夕，毛泽东同志郑重地向全党发出了"务必使同志们继续保持谦虚、谨慎、不骄不躁的工作作风，务必使同志们继续地保持艰苦奋斗的作风"的号召。在全面建成小康社会的新形势下，胡锦涛同志在参观考察西柏坡的重要讲话中向全党提出要重温"两个务必"，并结合新的实践坚持"两个务必"。那么，在当前，要坚持"两个务必"，大力提倡勤俭节约、艰苦奋斗精神要做到以下几点。其一，高度重视，并长期坚持对广大人民群众进行勤俭节约、艰苦奋斗的教育。其二，领导干部以身作则，带头做勤俭节约的模范。其三，制定和完善相关法规制度，严格约束铺张浪费、奢侈挥霍的现象。邓小平同志曾经说过，没有制度工作就搞不起来；制度问题更带有根本性、全局性、稳定性和长期性。改革开放以来，一些地方铺张浪费、奢靡之风盛行，一个重要原因就是缺乏有效的法律法规和制度的硬性规定，所以要遏制铺张浪费、奢侈挥霍的现象，必须加快制定和完善相应的法规制度。如尽快制定节约法，通过立法形式约束铺张浪费现象，等等。

以上说的是在全社会提倡勤俭节约、艰苦奋斗精神需要采取的主要措施。那么，作为青少年朋友们，又该怎样培养勤俭节约的品质呢？这主要是从点滴做起。勤俭节约的作用不仅在于其经济价值，更重要的是其精神价值，它是一种取之不尽、用之不竭的宝贵精神财富。这就要求我们，不能停留在经济价值的表面上，更重要的是在实践中养成勤俭节约的好习惯。我们新时期的学生家庭生活条件、学习条件优越，但有的人学习缺乏刻苦研究、努力奋斗的精神，依赖思想较重；交友时出手大方，喜欢吃喝玩乐。我们要从实践入手，逐步改掉坏习惯，树立正确的交友观、消费观，把勤俭节约落实到具体事情上，如在生活中要节水、节电、节粮，等等。只要青少年朋友们把日常生活中的小事做好了，就会养成勤俭节约的好习惯。

曾经有这么一句歌词广为流传：勤俭是咱们的传家宝，社会主义离不了，离不了。这句话远没有过时。"勤俭持家、勤俭建国、勤俭办一切事业"，应该是我们永远坚持的一个方针。这样做了，我们的事业才有希望；这样做了，我们才能给后代留下一个好的形象。

"清贫，洁白朴素的生活，正是我们革命者能够战胜许多困难的地方！"革命烈士方志敏给人们留下的这句话，值得我们永远铭记在心，认真思索。

第七章 移风易俗概述

第一节 风 俗

对于风俗的概念解释,我国自古有之。《周礼》中提到:"俗者习也,上所化曰风,下所习曰俗。"这句话中的"风"和"俗"是有区别的,"风"是指上层社会的教化,"俗"则是下层社会中人民的生活习惯。在《汉书·地理志》中:"凡民函五常之性,而其刚柔缓急,音声不同,系水土之风气,故谓之风;好恶取舍,动静有常随君上之情欲,故谓之俗。"这里从原因上区分"风""俗"。"风"是由自然因素导致的,"俗"则是由社会因素造成的。《中国大百科全书·社会学》中,将风俗作为整体来解释,风俗是由众多人反复不断地长期遵循而形成的一种自发的行为规范。亚昌洪在其《中国近代社会风俗史》中将风俗习惯解释为人们关于吃、穿、住、行、婚丧等具体社会行为活动方面的信仰和禁忌;而社会风气是指处在一定社会时期的人们的风俗习惯、文化传统、行为模式、道德观念以及时尚等要素。本文认为"风俗"是指具有当地文化特点的社会风气,影响人们生活的方方面面的思想和行为模式。乡风民俗不仅是一种观念,也是一种行为的规范。

第二节 移风易俗

移风易俗泛指改变风俗习惯。在《荀子·乐论》中曾提出高雅的音乐可以改变人们的心情,能够激发人们善良的心灵,形成良好的社会风气。中国自古以来就比较重视风俗的作用。西周时期就建立起观风查俗制度。移风易俗命题的明确提倡大约始于孔子(公元前551—479年,有待商榷),荀子对移风易俗进行充分的阐发,至汉代,移风易俗思想较为丰富,已经颇成系统,而宋明时期的文人学士对移风易俗思想的论述更加丰富,结合当时的时代背景赋予了移风易俗深刻的内涵。移风易俗就是对"落后于时代发展要求、不利于社会秩序稳定、与科学和文明相悖的陈旧风俗和不良习惯进行变革。"实际上,移风易俗是为在农村树立文明乡风、培养良好生活习惯、提升农民群众精神内涵而移除农村的陈旧风俗和不良习惯,是农村和农民的一场精神变革。要立足于时代变迁过程,尊重风俗习惯发展规律,社会经济发展规律,传统文化的继承和发扬,因地制宜、循序渐进地开展工作,巩固乡村精神文明建设,进而促进乡村的全面振兴。

第三节 多元共治理论

多元共治理论的产生具有深厚的历史基础,早在我国古代就将共治思想作为一种朴素的政治统治方式。"兼听则明和民贵君轻"思想中虽然没有直接出现共治一词。但是却在一定程度上体现了共治。当前国家现代化治理进程不断推进,共治思想和多元主体相结合被赋予了新的时代内涵。

多元共治理论是我国社会治理中的理论创新。推进社会治理创新。注重运用法治方式,实行多元主体共同治理,构建共建共治共享的社会治理格局。多元共治理论的形成是我国改革的新境界,也是对我国实践经验的总结和新要求。多元共治鼓励各类型参与主体积极参与社会治理,但并不意味着让政府退出或者弱化政府的权力,形成"小政府、弱政府"模式,而是主张建立"小政府、强政府、大社会"的模式。

多元共治理论重点强调三方面内容。第一，健全法治体系，实现依法治国。第二，提升各类型参与主体的治理能力；要求理顺政府、市场和社会的关系，明确各个参与主体的权责；向市场和政府放权，并为参与者创造参与条件。第三，开发利用相关技术，为多元共治的参与主体提供参与路径和参与平台。

第四节 整体性治理理论

整体性治理理论发端于英国，以澳大利亚、新西兰整体政府建设实践为代表，主张整合资源、协调分工、以公民需求为导向开展治理活动，对于优化农村现代化治理路径有积极的借鉴意义。

整体性治理理论又被称作整体政府理论，早期是为了批判传统官僚体制，反思新公共管理运动的结果，后来被引入公共管理界，用于政府内部的改革。20世纪90年代西方学者登力维（Patrick Dunleavy）、佩里·希克斯（Perry Hicks）正式对其含义界定。他们认为整体性治理理论的价值在于为破解碎片化问题提供理论范式，构建整体性政府是解决组织部门内冲突的最佳途径。构建整体性政府主要强调三方面内容。一是整合，对原本的科层制结构进行扁平化改造；二是协同，建立协作共享的工作机制，加强信息交流，形成良好的合作关系，避免各部门各自为政；三优化资源配置，为保证行政组织内部协调统一，扩大授权，从纵横两个方面构建权力结构严密、部门功能完整的整体性政府。

整体性治理理论为治理活动提供了新思路。强调在治理过程中以公众为治理活动的中心，以公民的需求为导向，重视信息化手段的运用，以协调、整合、责任为治理机制，对治理层级、功能、公私部门关系以及信息系统等碎片化问题进行有机协调与整合。使治理活动从分散变得集中、由部分合为整体、从零散化治理走向整合,从而为公民提供无缝隙且非分离的整体型服务的政府治理模式,修正了过度分权带来的弊端。

第八章 乡村不良风俗分析

第一节 不良风俗对乡村振兴的影响

一、不利于乡风文明的建设

乡风文明建设是农村现代化建设的软实力。实现乡村的全面振兴，离不开乡风文明建设。一方面，乡风文明要求有良好的社会风气、良好的行为习惯、正确的思想观念和积极的行为方式等内容。良好的风俗习惯是乡风文明的标志，也是乡风文明发展的必然选择，而不良风俗习惯与乡风文明的要求相悖，也是乡风文明建设的阻碍因素。另一方面，乡风文明归根到底要落实到具体的人和具体的事中，文明的乡风最终要体现在农民群众的日常生活中，农民群众是乡风文明的载体。不良风俗习惯如同"病毒"一般在农村蔓延，严重损害了农民群众的身心健康，不利于提升农民群众的精神面貌，不利于构建和谐文明的乡村社会。除此之外，农村不良风俗习惯的存在，不利于践行社会主义核心价值观，不利于农民群众打开视野，接受新观念和新事物，不利于优良风俗习惯在农村的发展。因此，只有持续不断地推动移风易俗，破除封建迷信、互相攀比、大摆酒席铺张浪费、打牌酗酒等不良风气，打击私彩买卖，并努力践行社会主义荣辱观，才能建立科学、文明、健康的生活方式，高效推进文明和谐村居建设。

二、不利于有效治理的推进

乡村治，百姓安、国家稳。治理有效是乡村振兴战略的基础和根基。实现乡村振兴，乡村治理有效不能缺位。只有乡村治理有效，才能更好地贯彻落实党的各项方针政策，才能保障顺利开展农村的各项工作。然而，不良风俗习惯是实现乡村治理有效的拦路虎，严重阻碍乡村治理的有效推进。首先，不良风俗习惯使部分村民抱持旧观念和落后思想，无法对乡村振兴形成正确认识，不能建立起科学理性的思维方式，妨碍国家大政方针在农村的贯彻落实。其次，部分村民受到不良风俗习惯的影响，如参与封建迷信、买卖私彩、打牌酗酒等，使其不思进取，生活懒散，对集体的事务漠不关心，无法培养自身政治参与能力。最后，不良风俗习惯不利于在农村实现"三治融合"，党的十九大报告在提出"实施乡村振兴战略"时强调，要健全农村自治、法治、德治相结合的治理体系。实现"三治"融合，将发挥乡村治理的最大能量，营造人人共建共治共享的局面，最大限度地激发农村发展活力，更好更快推进农业农村现代化，实现乡村振兴。而不良风俗习惯盛行，对农村的自治、法治与德治均造成一定程度的破坏。并且不利于推进农村扶志和扶智工作，妨碍激发农民群众自我管理、自我发展的内生动力和基层治理方式的转变。

三、不利于文化振兴的构建

文化作为一种精神力量，具有凝聚人心、动员群众力量的作用。文化振兴是乡村振兴的内在要求之一，为乡村振兴提供动力支撑。乡村文化是农村风俗习惯形成的重要基础，农村风俗反作用于乡村文化的发展。优秀的乡村文化有助于塑造良好的风俗习惯，良好的风俗习惯对乡村文化的发展同样有积极的作用。一方面，当前农村的不良风俗习惯，如封建迷信、大摆酒席对优秀传统文化存在误导，不利于农民群众吸收优秀传统文化中的有益成分。另一方面，对优秀传统文化的继承和发扬，需要持续不断地向农村输入新鲜"血液"，输入当代先进思想和先进文化，并在社会主义核心价值观引领下对传统文化"去其糟粕，取其精华"。农村的不良风俗习惯阻碍了先进思想和先进文化在农村落地生根，不利于社会主义核心价值观的贯彻落实。

四、不利于人才振兴的实施

人才振兴是全面推进乡村振兴的基础。当前，许多农民进城打工，长期在外，无法投身乡村建设，人口空心化、老龄化和人口结构失衡等是农村普遍面临的发展困境。乡村人才的总体发展水平不足以支撑乡村振兴战略，而农村的不良风俗习惯加剧了这一问题。不利于造就一支懂农业、爱农村、爱农民的"三农"工作队伍。实施人才振兴，一是要培养好本土人才，二是要吸引外来人才加入。一方面，不良风俗习惯影响人的全面发展，农民群众受到不良风俗习惯的影响，不易形成正确的思想价值观念，不利于学习先进文化知识和科学技术，对于农民群众本身的成长与发展造成阻碍，从而不能更好地为农村的发展作出贡献。另一方面，农村不良风俗习惯的存在，影响农村的整体形象，不利于吸引外部人才在农村扎根实践，还会导致乡村人才外流，进一步加剧农村人才匮乏这一现实问题。因此，只有移除和改善农村的风俗习惯，对农民群众进行正向引导，才能进一步解放人、发展人，保障乡村人才振兴，打造一支富有活力的"三农"工作队伍。

五、不利于乡村振兴的永续发展

乡村振兴战略不仅仅是中国的伟大战略，也为全世界贡献了解决"三农"问题的中国智慧和中国经验。中国共产党始终把人民的利益放在首位，坚持为全体中国人民谋幸福，为中华

第八章 乡村不良风俗分析

民族谋复兴。乡村振兴战略就是着手乡村建设，促进乡村全面发展，坚持"以人民为中心"的价值取向，回馈农民群众在中国革命、建设、改革中作出的三大贡献，提升农民群众的幸福感和获得感，使农民群众共享中国特色社会主义发展成果。实施乡村振兴战略需要充分调动农民群众的内生发展动力，在现代化进程中实现城乡协调发展。而且，乡村振兴战略不是一蹴而就的"单级跳"，而是循序渐进的。想实现乡村振兴永续发展，首先，要加强乡村组织建设。农村基层党"健走"组织是乡村组织建设的核心，是党在农村全部工作的基础和贯彻落实党的各项政策方针，引导广大农民群众发展建设的重要保障。然而，一些农村的不良风俗习惯，如买卖私彩、打牌酗酒、封建迷信，不利于基层党组织开展工作，还会使基层党员干部面临被腐蚀的风险，是乡村组织振兴亟须解决的一道难题。其次，要实现产业振兴，就要夯实乡村产业，将其做大、做强、构建完整产业链，唯有如此，才能保持乡村经济发展的旺盛活力，促进农民群众就业，提高其生活水平。乡村产业振兴要重点把握产业兴旺，产业兴旺是实施乡村振兴战略的重点和难点，更是乡村振兴的基础和保障条件。然而农村不良风俗习惯对产业兴旺造成十分不利的影响。如许多村民沉迷于私彩，幻想一夜暴富，参与封建迷信，将美好生活寄托于超自然力量，对农业生产和农村产业建设造成十分不利的影响。最后，实现生活富裕是乡村振兴的出发点和落脚点。生活富裕要求改善民生福祉，逐渐缩小村民在收入、教育、医疗、社会保障等方面与城市居民的差距。随着乡村振兴战略的不断推进，城乡差距将逐步缩小，农村的基础建设、农民群众的收入与支出以及医疗卫生等方面会不断获得进展。然而，巩固和发展农村的物质文明成果，需要精神层面同步跟进，生活富裕也需要精神层面的富裕。毫无疑问，不良风俗习惯是农村精神文明建设的拦路虎，不利于农民群众的生活富裕。

第二节　当前农村红白事习俗概况

一、婚俗

当前,农村婚俗的流程是"定亲(相媒)—定媒—结婚—娶亲—回门"。

定亲:一般由一方(大多是男方)找"媒婆""红娘"牵线,寻找合适对象,由"媒婆""红娘"牵线,双方了解对方情况的基础上,由男方拿着见面礼见女方,如果女方同意,则收下见面礼(一般是6万6千元)。"媒婆""红娘"收取介绍费,成功的几千到几万不等,不成功一般收取200元。

定媒:在男女双方均同意这门亲事后,男方拿着酒、彩礼(一般是几万元到几十万元不等)首饰等,到女方家中,定终身。

结婚:婚前男女双方约定时间,或者男方要来双方生辰八字请算卦的先生"虑好",即选择吉日。男方安排年长的长辈前往女方,将选定的吉日、地点、礼节等告诉女方,女方要给来"送日子"的人封钱。之后到婚前这段时间,男女各自做好准备工作。由男方出资购置或装饰新房、购买新车、添置床上用品(一般为六件套)、操办结婚当天的酒席;女方准备得相对简单一些,准备嫁妆、添置家电、买新衣服和新鞋、装饰闺房等。

娶亲:安排黑色双数轿车或前后两辆白色轿车(一般为10辆左右),形成车队去接亲。结婚当天,男女双方家门头悬挂红布、门两旁系松柏枝(寓意"柏"不忌讳)、贴喜联和"喜"字等。男方在女方送嫁妆车出发后,出发迎亲。嫁妆车到新房后,男方给送嫁妆人员每人封礼钱一份。迎亲途中,往返路上进村与遇井、庙、石均放爆竹(镇区因规定不再燃放爆竹),遇有沟河还抛掷喜馍。娶亲车到女家后,由新郎的嫂子送给女方

第八章　乡村不良风俗分析

一个红包袱,里面装有梳子、七彩线、绑有红绳的"洋碱"(和现在的肥皂相似),随后,取出包袱内物件,梳子和七彩线交给女方嫂子为新娘梳头,"洋碱"在娶亲出门前,在门框上一掰两半,男女方各留一半。迎亲车到达男方家,新娘下车后,一般是新郎的嫂子"撒喜钱",就是端着红枣、麦麸、硬币(现在很少用铜钱)等物往新娘方向撒,现在一般不往新娘头上撒。然后安排人员在酒店或其他场地举行婚礼,一般交给婚庆公司操办。仪式一般是中西结合,婚礼现场,由女方父亲牵着新娘的手走至新郎面前,亲手把女儿交给新郎,一对"新人"在司仪的引领下,行至舞台中央举办婚礼,包括宣誓、交换戒指等程序。举办完婚礼,即开始宴会。

回门:一般在婚后第三天,如遇日子不好,另选吉日,新婚夫妇到岳父岳母家,由新娘娘家摆设宴席,邀请亲朋好友邻里参加回门宴,新婚夫妇一并前去参加,敬酒、回礼。

二、丧俗

当前,民权丧俗主要流程有所简化,主要有"喊魂—守灵—送路—出门—圆坟"。

喊魂:人临终时,亲人呼喊挽留,希冀还魂,俗叫"喊魂"。很多人是在医院逝世,喊魂环节有时候没有,亲人都是有感而发地哭泣。

守灵:喊魂后,立即给去世的人穿"寿衣",用麻丝系着逝者两脚,以防"走尸",并将其放入放置在正堂屋的"冰棺"内保存。死者的儿女等直系小辈守护在"冰棺"旁,称为"守灵"。其间,房间灯保持常亮,不得关闭。守灵3天或者7~10天(民权各乡镇风俗不同),安排车队将遗体送至火葬场火葬,将骨灰盒拿至家中(也可安置在公墓)。

送路:现在送路一般在白天,所有孝子与近亲排成队"送"亡人。送路时,执事在前,领着送路人到就近的十字路口,围成圆圈，圆圈中间放着给逝者用纸扎的小汽车、房子和其生前喜欢使用的东西等，随后点燃，人们开始围绕中心转圈，正转反转三匝，转圈的人只能说些嘱托祝福，不允许哭诉。当前还比较流行，出殡前一天晚上，邀请歌舞团、表演队等在家门口搭台表演，给全村观看，热闹热闹。

出殡：俗称"出门"。逝者的亲长子拿着灵幡走在其他亲戚前面，其余亲戚按照与逝者的亲疏关系依次排列在后。现在一般不需逝者外甥或门婿撒纸钱。逝者的儿子或者妻子等怀抱骨灰盒、遗相出门，骨灰盒用布罩着，遗相上绑着白花。骨灰盒抱至坟茔地，将骨灰盒放置在棺木正中间，由"忙客"盖上棺盖，将棺木抬入墓坑内。然后将引魂幡放在棺木左侧、哀杖放在棺木右侧，随即封土。殡葬当日，逝者家中要贴出写有逝者去世日期（"一七""二七"至"五七""百天"、周年）的"七单"。

圆坟：下葬之后的第三天，逝者的亲长子带领其他儿子到新坟前，烧纸添土。

第三节　操办红白事存在的陋习

一、婚丧事宜盲目攀比

办事礼尚往来、讲面子、讲排场是我们国人的传统。虽然面子很重要，但很多人却对面子有一种偏执，在农村操办红白事时，许多人不顾及自身实际，觉得自己家"彩礼"比别人少、操办规模比不上别人、酒席档次比别人低等都是丢面子、失身份的，于是"打肿脸充胖子"，盲目攀比婚丧事宜各个环节的花销标准，不同程度上造成物资的浪费。

（一）操办规格攀比

在农村，红白事宴席主要分为婚事的结婚宴、回门宴和丧事的丧宴、三周年宴。288元/桌的包桌宴席可以满足需求的，

第八章　乡村不良风俗分析

为了"场面"、面子，换成488元/桌、688元/桌甚至更高标准，有的本该10人一桌，实际上7、8人就开桌，饭菜过多，几乎没有出现过有人吃完的情况，桌桌都有大量剩菜剩饭，造成极大浪费；婚礼场景3000元可以解决的，怕丢了面子，别人花费5000元，自己就花费8000元；丧事要搭建戏台子，一般办一场1000元左右，但是很多群众都觉得谁家花钱多谁家面子足、谁家更有孝心，所以很多主家不惜花费三四千元去请戏班子表演节目。不切实际的一味攀比，铺张浪费，不仅给自己套上了沉重的枷锁，事后两手空，还不同程度助长了奢靡之风，败坏了社会风气。

（二）礼金数额攀比

伴随着经济社会的快速发展，致富门路越来越多，农村群众的生活变得越来越富裕，"彩礼"作为婚姻契约必不可少的一部分，存在合理性，但是盲目攀比高额礼金的存在则给很多农村家庭带来不小的经济负担。

70年代，结婚提供的彩礼只需要腕表、自行车、缝纫机、收音机等物件即可，当时的花费大致在500元。

而到了80年代，当时电器已经逐渐丰富了起来，结婚需要的彩礼就变成了，黑白电视、收音机、摩托车等物件，花费大致在2000元左右。

90年代，随着电器越来越精致，人们对新生活的向往也更加热烈，结婚彩礼也逐渐变成了，彩电、冰箱、洗衣机、金戒指、金耳环、金项链，花费大致在20000元。

进入2000年，商品变得越来越丰富，随之而来的要求也越来越高，常见的有"三斤三两""万紫千红一片绿""万紫千红一片绿"和"一动不动"，"万紫千红一片绿"和"一动两不动"，这些却已经不是十万元就能驾取得了了。

注："三斤三两"，即，百元钞票三斤三两；"万紫千红一片绿"，即，万张紫色纸币5元、千张红色纸币100元、若干绿色

纸币50元;"一动不动",即,小轿车和房产;"一动两不动",即,小轿车、农村一套房、县城一套房。

按照2018年全国农村人均收入10998.4元,需要新婚夫妇工作近40年才能挣得,这对他们来说结婚的花销是一笔"巨款"。

二、份子钱水涨船高

随着经济的不断发展,物价的提高,红白事份子钱也是"跟上时代步伐",不断提高。以前办事随"份子钱"20元、50元,而现在农村办红白事一般关系少说得100元,尤其是沾亲带故的至少200元起步,甚至1000元、2000元也不算稀罕。2017年全国农村居民人均可支配收入10000元左右,人均一个月还不到1000元,一个月参加不了几场红白事就所剩无几了。还有的贫困群众,就怕别人说穷,家庭条件即使不好,也要为了面子,举债随份子、撑面子,使随礼改变了传统味道,变得更加功利性、金钱化,充满了无奈,让群众苦不堪言。

三、婚丧嫁娶存在迷信行为

不管白事还是红事,都多多少少存在着迷信行为。例如,结婚要请人看属相、八字等合不合,甚至有的竟会因为八字不合而不结婚,而且主家还要给看相人买烟、买酒;丧俗中,存在喊魂、捆脚、寻找风水宝地等现象,仪式烦琐,所用费用也不断提高。以上迷信行为虽然是为寻找内心的安慰和寄托而形成的,这些行为看似不起眼,实则严重阻碍了社会主义核心价值观的传播,同时,也加重了他们的经济、生活负担。

四、红白事操办低俗化

"闹喜"作为一项传统婚俗,不少地方现在还保留着这种习俗,有个说法叫作"闹喜闹喜,越闹越喜",主要是遇到喜事大家一起热闹热闹，但是，在现实中"闹喜"不断演变，出现了"戏耍新郎"、猥亵伴娘、殴打新郎等不文明现象，由"闹喜"逐渐向"胡闹"转变。例如农村，新郎在娶亲时有的被脱了衣服用胶带粘到树上或者电线杆上画花脸，还有被打的现象；更有甚者趁机猥亵伴娘，让本该欢欢喜喜、热热闹闹的婚礼蒙上了阴影，让新郎、新娘尴尬难堪，而有的伴娘顾及世俗压力或者亲戚朋友情谊放弃追究，更是助长这种犯罪气焰。现在很多人都不敢轻易当伴娘，恐遇到猥亵行为。

在农村，有一个不成文的规矩：葬礼办得是否热闹，钱花得多不多，"哀悼者"来得多不多，都能体现出儿女的孝心。所以主家就花心思多花钱、多吸引人，努力把葬礼办圆满。办白事时，主家就会请当地"戏班子"来表演表演、热闹热闹，虽说是"戏班子"，但不以唱戏为主，表演者多为女性，穿着暴露、浓妆艳抹，表演内容良莠不齐，在舞台上摇头晃脑，"荤"段子、低俗二人转、脱衣舞、胸口碎大石等节目充斥其中，哀乐与低俗节目并存，致使办丧礼不再仅仅满足于缅怀逝者，更成为一场演给活人看的作秀。

第四节 农村操办红白事陋习的不良影响与危害

一、浪费农村社会发展资源

红白事大操大办、大吃大喝等行为是严重的浪费，致使农村社会整体财富大幅"缩水"，钱都被饭店、烟酒商挣走了，这还带来一个严重问题，那就是农村本就稀缺的财富，本可以用于"扩大再生产"来帮助群众致富，但因为红白事被"物化"成难以升值、变现的实物，农村群众失去了"原始积累"，更难创业致富。更重要的是形成了恶性循环，如果得不到强有力的介入，农村珍贵的财富、发家致富的根基会不断在大吃大喝、你来我往中不断消失,难以停下来。

二、易引发社会矛盾纠纷

农村的天价彩礼、红白事大操大办、不断增加的份子钱等,不仅一步步地将农村家庭推向贫困的深渊,甚至有产生各类纠纷的可能,例如,彩礼纠纷、债务纠纷、离婚纠纷、民间借贷纠纷等,极大地透支家庭经济、动摇社会关系基础,随之而来的是一系列的社会问题,例如,可能出现家中长辈老无所养、病无所医等,一瞬间打破社会稳定发展的大局。另外,"天价彩礼"、男女比例失衡是层出不穷、屡禁不止的骗婚和拐卖妇女的主要诱因,让人铤而走险走上犯罪的道路。同时,越来越多因没有条件而"被光棍"的大龄男青年,在生理和心理的双重作用下,慢慢演变为社会安定的一大隐患,很大程度上对社会治安是一种挑战,同时,更是对当前公序良俗的严重冲击。

三、错失发展机遇

当前社会发展日新月异,农村发展面临的机遇也前所未有,比如,正在实施的乡村振兴、人居环境改善等,其中涉及的各类措施,如产业帮扶、产业振兴规划、农村基础设施建设、新型农民培训等,都是农村发展、农民致富的良好机遇。因为红白事导致部分农民背上沉重的债务负担,不得不外出打工挣钱,这就错过了在农村快速发展的机遇,只能分享家乡发展的部分红利。同时,农村因为大量人口外出,农村缺乏足够的人才、劳动力,致使发展速度缓慢,城乡差距可能会不断拉大。

第五节 推进农村红白事移风易俗主要措施

近年来,随着经济的发展,群众生活水平的提高,加之一些社会不良思想的影响,一些陋习恶俗随之而来,在农村红事、白事操办方面尤为突出，红事、白事成了很多农村群众挣钱、挣面子的比赛场，很大程度上在农村群众经济和心理方面形成重压。可根据当地具体情况，深抓老百姓关切的重点，移风易俗出实招、接地气，取得明显成效。具体做法如下。

一、重视程度高

成立以县主要领导任组长的移风易俗工作领导小组，出台包括推进农村移风易俗实施意见在内的多项配套文件，召开全县推进农村移风易俗工作动员会进行安排、部署。在移风易俗工作组的领导下，县委宣传部牵头，县文明办、团县委等各行业部门加强协调联动，根据各自职能特点，负责相关工作的组织、协调与具体实施，众多部门齐心协力推动喜事新办、丧事简办的文明新风。比如文广旅游局组织的文艺文化活动进乡村，团县委组织的青年"幸福牵手"相亲大会、集体婚礼。县委书记、县长多次对移风易俗工作作出批示和指导。各乡镇（街道）也成立了以乡主要领导任组长的推进移风易俗工作领导组，并且一层一层签订移风易俗目标责任书，乡镇（街道办）领导与班子成员签、班子成员与分管部门责任人签、管区书记与包村干部签、包村干部与村"两委"班子签等。同时，全面加强农村"一约"（村规民约）"六会"（村民议事会、红白理事会、道德评议会、禁赌禁毒协会、红娘协会、孝善理事会）建设。各乡镇打造3~5个移风易俗示范村。

二、强化监督管理

出台《关于落实中央八项规定的实施意见》《关于贯彻落实中央八项规定实施细则的通知》等一系列规定文件，进一步限制党委政府、党员干部铺张浪费、豪华攀比等不正之风，为群众做好榜样。在全县广大党员干部中开展不大操大办红白事、不趁办红白事敛财等公开承诺书，并划定了彩礼、酒席、规模等标准，对党员干部操办红白事作出具体详细要求。纪检监察部门多次开展党员干部操办红白事专项整治活动，有力规范红白事的操办。

三、营造舆论氛围

从正向宣传、教育、引导入手，加强对推进移风易俗、倡树文明新风的宣传，营造文明办红事、办白事的社会氛围。加强媒体运用，在电台、电视台、民权网上开设"移风易俗"专栏，持续增大影响面。各乡镇（街道）经常组织乡镇干部、村干部召开全体干部会、廉政提醒会等，提高干部思想认识，保持勤俭节约好习惯。要求村干部用好村头大喇叭、文化活动阵地，深入宣传红白事陋习恶俗危害，做到自觉抵制。乡镇管区书记、包村干部，县派驻村第一书记要多入户、走访、调研、检查，发现问题及时引导、说服、纠正。以开展"送文化、科技、卫生下乡"活动、全县"三·五"（每个月的5日、15日、25日到联系村开展工作）基层工作日为契机，组织党员干部、志愿者等为农户发放宣传资料，进一步宣传移风易俗工作。鼓励开展群众喜闻乐见的文化创作，比如，编排相应的文化节目，采用多样性、群众性的宣传方式，为移风易俗良好社会风尚形成助力。

四、丰富移风易俗活动载体

以宣传、教育、引导为基础，在广大群众、农村集体中开展各类创评活动，倡树先进典型，用身边人身边事教育引导群众，做到见贤思齐，引导群众形成健康向上的思想。乡村红白理事会由多名有威望、公道正派、积极向上、懂红白事规矩的人组成的，通过他们发挥影响，约束阻止群众大操大办，操办过程有统一标准、流程，不允许任何人讲条件、搞特殊。

第九章 推进农村红白事移风易俗的路径思考

红白事领域移风易俗工作是一个系统性工程,需要漫长的时间来做工作,还要长期坚持,防止不良风俗反弹回潮,这从侧面反映出红白事陋习的顽固性及红白事移风易俗的紧迫性。这就要求各级基层政府做好打持久战的心理、人力物力财力准备,积极行动、攻坚克难。针对当前红白事领域移风易俗存在的突出问题,借鉴移风易俗先进地区经验做法,通过与县文明办工作人员、部分乡镇干部、村干部、群众调查交流的基础上,加强组织领导,成立高规格的移风易俗工作领导小组,做好指导统筹等工作,明确职责分工,确保责任到人,一级抓一级、层层抓落实。同时,将强党建、重引领、建机制、创做法有机结合,以社会组织为载体,坚持破旧立新方向,在破除陈规陋习上下功夫,找准关键、找准要害,用抓铁留痕、踏石留印的劲头,对症下药、精准施策,持之以恒、一抓到底,确保红白事领域移风易俗工作取得突破性成效,引导农村群众树立正确的理想信念、价值理念、道德观念,形成健康文明新风尚。

第一节 强化引领示范带动农村文明办红白事

一、加强对农村红白事移风易俗的组织领导

红白事移风易俗工作的推动关键在基层党委政府。基层党委政府要高度重视,成立高规格领导组,由主要领导同志担任

责任组长,分管领导同志任副组长,各相关单位负责人任成员,切实将农村红白事移风易俗作为事关全局发展的中心工作,切实统筹做好各项工作。

二、发挥基层党委政府示范引领作用

基层党委政府最接近群众一线,做的就是广大群众的工作。因此,要不断完善采购、接待等机制,严格落实中央八项规定及其实施细则精神和省、市、县相关落实意见,驰而不息纠正"四风",带头做到勤俭节约,严控三公经费支出,坚决按照标准接待,坚决杜绝挥霍浪费、盲目攀比、追求奢华,树立党委政府良好形象。同时,结合本地实际,按照经济发展情况,及时研究出台移风易俗指导意见、明确接待标准、规范党员干部红白事办理有关事项的文件规定,明确责任、标准,用制度、规矩约束党员干部行为,形成健康向上的党风、政风,从而带动良好民风的养成。

三、发挥基层党员干部模范带头作用

基层党员干部代表着党委政府的形象,其一言一行都会被群众"看在眼里,记在心间",为了更好地起到模范表率作用,党员干部必须提高认识,充分认识红白事陋习的危害,充分认识自己不文明办红白事给群众带来的不良影响,进一步坚定理想信念,不断增强责任感、使命感,发挥先锋模范作用,以身作则、以上率下,带头严守党的纪律规矩,带头严守地方出台的办红白事各项要求,带头签订文明办红白事公开承诺书,带头做到不搞封建迷信,不遵循传统陋习,红白事不大吃大喝、大操大办,不接受不该办的红白事,随份子钱也要按照相关标准、不得随重礼,不得索要"天价彩礼",并主动约束家人和教育引导亲属、朋友,坚决抵制红白事各种陋习,做文明新风的坚决践行者和支持者,为群众带好头、当好表率,引导群众养成抵制不良风俗的自觉。

四、加大监督管理力度

制度、政策的生命在于执行，要加大对基层党委政府铺张浪费、奢靡之风和党员干部不文明操办红白事、借红白事之名大肆敛财等违规违纪行为的监督，用好监督"利剑"，保障基层党委政府和党员干部带头作用的发挥。纪检监察机构要切实履行监督检查职责，采取明察暗访、不定期检查、突击审计等形式，加大对各单位各部门在违反中央八项规定精神方面和"四风"问题的查处力度，敢于动真格、啃"硬骨头"，发现问题依法依规从快严肃处理，并通报全县，切实形成震慑作用。严肃查处党员干部红白事大操大办、借办红白事之机大肆敛财等问题，规范全县党员干部操办婚丧喜庆事宜，细化党员干部操办婚丧喜庆事宜的礼金数量、邀请对象、酒席规模等要求，严格请示报备制度，建立全程跟踪监督机制，发现问题及时纠正，并严肃问责，多管齐下规范党员干部操办婚丧喜庆事宜。同时，要注重发动群众力量，进一步畅通监督举报通道，开通举报电话，建立快速反应、有举报必查制度，形成全社会共同参与的监督大格局。

五、加大考核力度

基层政府在年中、年终都会有各类工作的考核，可以在原有乡村振兴战略考核或者意识形态考核中，增加农村红白事移风易俗单项考核，突出重要性，结合实际，合理设定分值。考核形式可以分为两部分，一是实地考察；二是群众评议。考核可以通过群众知晓率、群众满意度、文明操办比例等情况进行评判，并在全县范围内公示公告考核结果，适时进行奖罚。进而提高基层党委政府及公职人员对农村红白事移风易俗工作的关注度和主动性，确保有足够人力、物力和财力做好相关工作。

第二节　加强基层组织建设　规范农村红白事操办

村级党组织是党建中最基础、最基层的组织,是党在农村工作中永葆战斗力的保证,红白事领域的陋习在农村是一个比较凸显、又能腐蚀组织基础的问题,推动农村红白事移风易俗工作就离不开基层党组织的坚强领导,所以说,必须一刻不松懈地加强基层党组织的战斗力、凝聚力,夯实其在推动移风易俗工作中的战斗堡垒作用。

一、加强农村党支部建设

紧紧围绕提升组织力这一重点,在按照一定比例标准倒排基层党组织建设的基础上,对那些"天价彩礼"、红白事大操大办等习俗遏制不住、越演越烈的村党组织列入整顿计划,各乡镇根据实际情况,安排先进的党支部到软弱涣散村进行指导、对接帮扶,帮助软弱涣散村尽快整顿、建强。村室是村级党组织活动、办公的场所,但是却出现了"教堂、寺庙气派,村室落魄不堪"的怪象。要加大资金投入力度,改善村室、党员活动场所的设施条件,让党的阵地更威严、更有吸引力。要创新性地开展"不忘初心跟党走"等系列主题活动,按时完成主题党日"1+N"活动的规定动作和自选动作,进一步巩固"群众路线"取得的成果,把"三严三实""两学一做"学习教育常态化制度化向纵深推进。

二、提升基层党组织干部队伍素质

一是做好村党组织带头人队伍建设。大力选拔那些政治立场坚定、有能力、有本领、有担当、公道正派的同志担任党组织书记。同时,注重加强培训,不断用党的理论武装村党组织带头人头脑。二是加强党员队伍管理。坚持把政治标准放在首位,严格履行发展党员程序,注重从致富能手、务工能人等选拔能力强、处事公正的人中选拔党员干部,进一步优化队伍结构。坚持对不合格党员组织处置工作,对那些不敢作为、乱作为、带头作用发挥不好的党员,坚决清出队伍。三是注重干部教育培训。引导党员干部深入学习贯彻习近平新时代中国特色社会主义思想,加强政治建设,组织村进一步筑牢"四个意识",增强"四个自信",坚决做到"两个维护",坚决贯彻党的理论和路线方针政策,确保正确政治方向。

三、严肃党内政治生活

开展严肃认真的党内政治生活,是党组织永葆活力的重要措施。一支强有力的党员队伍必须坚持严肃党内政治生活,落实相关规定要求,认真组织定期召开党员大会、党的组织会、民主生活会等,用好批评与自我批评,坚持"四议两公开"工作法,不断提高党组织建设质量。

第三节 强化思想道德建设 提升农村群众文明操办红白事的自觉

农村群众思想道德建设可以说是整个移风易俗工作的基础,农村群众整体思想道德水平提高了,很多移风易俗的问题都可以迎刃而解了。必须不断加强教育,进一步营造群众自觉遵守、自觉参与的良好社会氛围。

一、加强政治教育

当前红白事领域"天价彩礼"反映出的功利性、大操大办反映出的节俭意识丧失、厚葬薄养反映出的孝道沦丧、殡葬封建迷信死灰复燃等道德滑坡,最主要的还是农村群众的思想被资本主义、享乐主义、拜金主义侵蚀,成人之美、孝老爱亲、乐于助人等传统优良品质受到巨大冲击。这就要求基层政府要重视农村群众的思想政治建设，引领广大群众认真学习先进理论和思想，深刻领悟其中的道理，知对错、明是非，促进农村群众进一步坚定理想信念，帮助农民群众牢固树立正确的"三观"，扫除封建迷信的桎梏，进一步筑牢农民群众的思想道德防线。

二、积极培育和践行社会主义核心价值观

以移风易俗工作为切入点，在广大农民群众之间大力弘扬社会主义核心价值观，促使农民群众自觉践行核心价值观，树立正确的道德观念，并结合"二十字"公民基本道德规范，建设一批核心价值观主题游园、主题街道，运用铁艺、文化墙等阵地，让群众受到沉浸式熏陶，养成自觉维护和践行社会主义核心价值观的习惯，将公民基本道德规范内化于心、外化于行，积极落实到生活的方方面面，落实到红白事操办方面。

三、增强法治意识

农村法治思维、法治意识不强，平时只知道偷盗、抢劫等明显犯罪行为，对于"彩礼"欺诈、不赡养老人、婚闹猥亵、聚众闹事等存在于红白事领域的涉嫌犯罪行为认识不清，致使群众对于许多红白事陋习恶俗问题不知轻重、不知敬畏。要大力增强群众的法治意识，结合"七五"普法教育，引导群众自觉学法用法，同时，组织专业人员到农村宣传法律知识，并结合彩礼欺诈、婚闹猥亵等典型案例，以案说教，让农村群众知红线、明底线，不再做涉嫌违法的事情。

四、注重教育引导方式

农村群众对于照本宣科式教育、直接学习枯燥的理论知识大都不感兴趣，所以在教育引导方面不能脱离群众，必须做到

联系日常生活,接地气、有说服力。比如,管区书记、包村干部等基层干部与群众打交道较为频繁,一定要带着感情做群众工作,遇到群众心有疑虑、存在问题时,要耐心沟通、引导,不要打官腔、敷衍了事,尽量做群众"友"、不做群众"官",面对面、心贴心交流,深刻阐释红白事不良风俗带来的恶劣影响,算算对比账,让群众懂得危害,鼓励群众多做长远打算,不能光让饭店、烟酒商把血汗钱挣走,不给孩子留点财产,要齐心协力、团结一致、全力以赴革除"天价彩礼"、大操大办等红白事不良习俗。创新方式方法,利用广播、电视等传统媒体和微信等新媒体,用群众喜闻乐见的段子、小品等方式,让群众在娱乐中接受教育。

第四节 整合社会力量推进农村红白事移风易俗

面对基层政府在红白事方面没有执法权、缺乏合适介入渠道的现状,必须特别注意介入的方式方法,不能采取一刀切等粗暴办法,要结合实际、因地制宜,适时引入民间组织力量,激活民间组织的主动性和积极性,通过日常了解去掌握群众的心理需求,利用侧面引导去帮助群众解决实际问题,避免直接触及红白事习俗,在政府与群众之间建立缓冲地带。

一、完善社会组织职能

根据本地实际情况,结合移风易俗工作需要,在完善"一约六会"制度的基础上,根据社会组织的不同,立足本地实际,借鉴外地经验,统一制定出各组织详细的工作责任、工作流程、工作办法,认真选拔村内有威望、有知识、有相关经验的能人、老党员、老干部、老教师等为成员,树立增强社会组织在群众中的威信,进一步将社会组织参与乡村治理的积极性、主动性激发出来。

二、促进社会组织发挥作用

一是重点发挥红白理事会作用。红白理事会作为专门规范红白事的民间自治组织,在规范红白事方面有着不可或缺的巨大作用,能够弥补党委政府不能行政强制干预的缺位地方。作为农村的民俗权威,他们在红白事操办过程中发挥着重要作用,有责任对村内婚礼司仪、丧事主持进行定期培训,引导其文明办红白事。要发挥红白理事会成员联系广泛的作用,及时调解红事双方"彩礼"问题、操办问题;及时协调白事兄弟姐妹间筹办问题,协调其达成文明统一的意见。发挥监督职能,畅通举报通道,对于不按照村规民约,索要"天价彩礼"、红白事大操大办、厚葬薄养、闹婚的,及时汇报到红白理事会,并提交村民大会,研究处理意见,形成震慑效果,最大限度地把群众发动起来,在移风易俗方面凝聚思想共识,进一步激发行动自觉。二是发挥村民议事会作用。集体研究制定限制"天价彩礼"、红白事大操大办的规定,及时召开村民大会,征求全体村民的意见,认真吸纳完善后,在村显眼位置张榜公布。三是发挥道德评议会作用。笔者走访、了解到,现在各行政村都建立了孝善理事会,由村班子部分成员主导,村内公益性岗位或德高望重之人参与实施。例如,在养老方面,分"留守老人"家庭,其子女定期给老人交赡养费至孝善理事会,然后孝善理事会按照时间节点将赡养费及政府鼓励金发至"留守老人"手中,遇到不向"留守老人"交赡养费的子女,孝善理事会经了解情况后进行村民评议,让乡里乡亲来约束这种行为。进一步重塑乡村道德体系,引导广大村民坚决遏制厚葬薄养、婚闹恶俗等违反道德的行为。四是发挥红娘协会作用。"红娘"即民间媒人,媒人在红事中发挥着不可替代的作用,因为农村结婚特别讲究媒妁之言,是男女双方沟通的媒介和桥梁,所以媒人对于彩礼、操办形式有着极大的话语权。红娘协会通过加强对媒人的培训和制度约束,有效遏制攀比、浪费的歪风。

三、发挥新乡贤作用

过去,就有"乡贤"一说,"乡贤"指的是在乡村建设、风习教化、村内公共事务中有威望的人。由于新中国的成立,消灭了封建地主阶级,重塑了乡村治理体系。在时代发展中,乡村涌现出了一批在村内威望高、能力强、做事公道正派,并且在经济、人文、社会、技术等方面有一定的影响力的人,并称他们为"新乡贤"。新乡贤不仅有着文化根底,还能够起到柔性力量,即,发挥道德引领作用,这是新乡贤的优势所在,遇事好介入,村民好接受。基层政府要重塑乡贤文化,组建"乡咨委",选拔涵盖不同年龄、各行各业"能人""明白人"成为新乡贤,加大培养力度,引导其在彩礼纠纷、办事纠纷等方面发挥调解作用,确保社会稳定。同时,让新乡贤在抵制天价彩礼方面起带头作用,让村民了解"高额彩礼"恶性循环带来的严重危害,让群众从内心深处自愿接受红白事领域移风易俗工作。

四、探索建立激励机制

激励机制是调动社会力量积极性的有效措施。在财政力量有限的情况下,应加大精神方面奖励力度,大张旗鼓表彰先进,颁发荣誉证书,通过这些方式,提高其社会地位。引入其他社会资源,比如寻找结婚影楼、餐厅等与红白事密切相关的商家为合作伙伴,以适当方式为其宣传,争取其赞助,将赞助以物质奖励方式给予推动红白事移风易俗的社会力量,调动社会力量积极性。

第五节 加强农村文化建设 消除农村红白事陋习

由于大多数农村群众受教育程度偏低,现在农村普遍存在村民文化水平待提高、求知欲和求知劲头待激发的问题，有什么样的心态就有什么样的行为，当前农村是"天价彩礼"、大操大办、婚闹频出、厚葬薄养等不良习俗滋生的土壤，很大程度上是精神贫瘠造成的，因此，基层政府要加强对农村文化软件和硬件的建设，积极争取人力、财力的支持，一手抓物质文明建设、一手抓精神文明建设，全面提升农村群众的整体文化水平和素养，尽量让每一位农民群众都享受到"文化福利"。

一、重视学校教育

青少年儿童是祖国的花朵，是国家的未来和希望。以教育来推进红白事移风易俗是治本之策。抵制陋习恶俗要从娃娃抓起，高度重视青少年儿童的教育，尤其是农村青年儿童的健康成长更应该得到社会的关注和关心，要丰富农村教育资源，结合"迁村并点"工作，合理布局农村中小学校、幼儿园，在适龄青少年较多的村设立学校，增强农村师资力量，提高办学质量。要加强学前教育、义务教育阶段对青少年儿童的思想引领，将移风易俗工作融入教学之中，深刻阐释其危害性，引导学生提高文化水平，提升文明素质，从小养成自发抵制"天价彩礼"、大操大办等不良习俗的观念。

二、建强农村文化阵地

加大文化设施投入力度，新建、改扩建文化大舞台、农家书屋、村文化广场、文化站点等公共文化服务设施，增加健身器材、科普书籍、名著等，并做好定期维护，结合各村特色，高标准建设符合村传统文化的村红白事待客厅，在墙壁等醒目位置喷绘二十四孝、勤俭节约历史故事等，在硬件上保障农村文化活动的开展。要着力发挥农村文化阵地作用，定期组织文化建设活动，比如，读书交流活动、农技培训活动、才艺比赛等，设定奖励，鼓励农村群众踊跃参与。

三、提供优质文化公共服务

农村公共文化服务光有硬件还不行,必须想方设法让"硬件"活起来,在硬件上保障群众公共文化服务权益,丰富群众文化生活。以"三下乡"(即送文化、送科技、送卫生下乡)为抓手,组织各成员单位根据各自职能,通过组织志愿者、开设咨询台、发放宣传资料等积极参与活动,为广大农民群众送去国家政策、送去戏曲文化等,进一步丰富、充实群众的农闲时间;开展相关科技人员下乡,把科学知识、生产技术传授给农村群众,破除殡葬等涉及的封建迷信,遏制宗教势力扩大,提高农村群众技术水平;开展医疗卫生人员下乡活动,培养基层卫生人员,保障农村群众健康。发挥群众自身力量,发现、挖掘一批优秀传统文化,重视传统文化的保护与传承,积极弘扬传统文化,尽可能地使传统文化"活起来"。

四、加强文化执法

虽然党委政府对于红白事一般不采用行政强制,对于红白事操办过程中存在的非法活动,比如,违规组织封建迷信活动、殡葬小舞台涉黄表演、借办红白事之际搞赌博等,这些活动隐蔽性较强,一般执法人员还没到,人就收拾干净逃跑了。对于这样的非法活动执法部门要特别关注,采取多渠道搜集线索、畅通群众举报电话、网站、微信公众号,建立迅速反应机制,确保得到消息的第一时间出动、第一时间固定争取,铁腕打击,绝不手软。可以借鉴综合治理网格化管理机制,采取政府购买岗位的办法,在村组安排一名责任心强、处事公道正派的人担任村组的网格长,对于辖区内发生的封建迷信活动、殡葬小舞台涉黄表演、借办红白事之际搞赌博等进行制止纠正,并及时向相关部门反映,切实遏制文化领域违规违法行为。

第六节　开展文明创建树立农村文明办红白事新风尚

一、开展典型选树

从群众身边发现、挖掘先进典型，用"身边人、身边事"的先进事迹影响、引领群众养成健康、科学的生活观念。加大好人选树和推荐工作，深入挖掘整理上报见义勇为、乐于助人的好人典型事迹材料，推荐更多更优秀的好人典型。继续深入开展各类评选活动，比如，"好媳妇、好婆婆"、五好文明家庭等。开展新时代星级文明户评选活动，评选县、乡、村三级星级文明户，村级十星方可推荐乡级十星，乡级十星方可推荐县级十星，注重优中选优。并从农村群众中选拔那些文明素质好、自觉抵制"天价彩礼"、厚葬薄养等不良习俗的先进典型，在群众身边挑选先进、树立典型，让群众向榜样学习、向先进看齐，让争当模范成为群众的追寻。

二、加大对群众奖惩力度

一是在奖励方面。依靠约束、依靠强制，只能营造不敢、不能沿袭传统红白事操办陋习的氛围，难以形成群众文明操办红白事的自觉，如果不形成自觉，一旦放松警惕，惩戒、打击力度减小，红白事操办陋习就很有可能死灰复燃、反弹回潮，我们不能光一味去"堵住"，还应循循善诱、支持鼓励。比如，对于文明操办红白事的群众，由村支书、村委主任等颁发荣誉证书，操办时由村内威望高的老人亲自主持、代表村委赠送节目，在村集体经济分红时有所倾斜；鼓励社会参与，吸引广大热心公益的爱心商家，在保证微利的情况下，给不同星级文明户优惠折扣，让星级文明户在党委、政府表彰的基础上，得到社会认可，等等。通过一系列的奖励，给足群众面子、给予物质精神奖励，让群众高高兴兴操办红白事。二是在惩处方面。对于不涉及违法犯罪、不适合用于行政强制的，村级自治组织应及时劝阻制止；对于阻止不了，依然我行我素的，进一步大力惩治，通过通报曝光、舆论谴责、村头大喇叭点名批评、上不文明黑名单、减少村集体分红等形式，营造人人喊打的舆论压力，同时，村"两委"班子成员、村干部绝对不允许参加，带头强制抵制，并组织村民不参加，让红白事办不成等惩治手段，不断推动移风易俗工作发展。

三、借鉴红白事文明操办的创新措施

各地对于推进红白事领域问题移风易俗的文明措施都大同小异，但不少地方因地制宜，探索创新出了不少亮点做法，这些做法都可以借鉴学习，并全面推广。比如，高标准建立清风苑、红白理事大厅，专门用于为农村群众操办红白事，对于文明操办红白事的群众免费提供场所。再比如，在有条件的村，成立腰鼓队，免费给文明操办红白事的群众表演节目，等等，通过不断借鉴学习，刹住红白事领域存在的陋习恶俗。

参考文献

陈寒非，2017. 风俗与法律：村规民约促进移风易俗的方式与逻辑［J］. 学术交流（5）：108-117.

江学恭，2013. 解读传统美德故事［M］. 长沙：岳麓书社.

柯可，2018. 中华传统美德经典［M］. 广州：广东教育出版社.

李光，肖珑，吴向东，2020. 中华优秀传统文化［M］. 北京：北京理工大学出版社.

刘荣健，钟香妹，2021. 中国共产党百年移风易俗的经验及启示［J］. 山东干部函授大学学报（理论学习）（5）：7-10.

彭健，2022. 中华传统美德的守望与接力［M］. 北京：新华出版社.

徐晓清，张志红，耿玉平，2015. 承传统扬美德［M］. 西安：西安交通大学出版社.

徐学庆，2009. 培育农村良好社会风气的若干思考［J］. 郑州大学学报（哲学社会科学版），42（1）：36-39.

张仁青，2020. 传统文化与道德素养［M］. 北京：北京理工大学出版社.

郑永福，2005. 中华民族传统美德［M］. 郑州：河南人民出版社.

中央宣传部国务院新闻办公室、中央党史和文献研究院、中国外文局，2000. 习近平谈治国理政：第三卷［M］. 北京：外文出版社.